Amalie von Saint-George

Die Kunst der Goldstickerei

nebst einer Anleitung zur Verwendung der Goldstickerei in Verbindung

mit Application

Amalie von Saint-George

Die Kunst der Goldstickerei
nebst einer Anleitung zur Verwendung der Goldstickerei in Verbindung mit Application

ISBN/EAN: 9783743630703

Hergestellt in Europa, USA, Kanada, Australien, Japan

Cover: Foto ©Andreas Hilbeck / pixelio.de

Weitere Bücher finden Sie auf **www.hansebooks.com**

DIE

KUNST DER GOLDSTICKEREI.

Nebst einer Anleitung

zur

Verwendung der Goldstickerei

in

Verbindung mit Application.

DIE

KUNST DER GOLDSTICKEREI.

Nebst einer Anleitung

zur

Verwendung der Goldstickerei

in

Verbindung mit Application.

Von

Amalie von Saint=George,

Lehrerin an der k. k. Fachschule für Kunststickerei in Wien.

———— Mit 6 Tafeln und 136 Textillustrationen. ————

Wien, Leipzig, Berlin, Stuttgart.

Verlag der „Wiener Mode".

Lehrcurs der Goldstickerei.

Einleitung.

Auf dem Gebiete der kunstvollen Nadelarbeit nahm die Goldstickerei stets dort eine hervorragende Stellung ein, wo es galt, besonderen Prunk zu entfalten. Sowohl an fürstlichen Hofhaltungen, als auch in reichen Bürgerhäusern fand diese gediegene und kostbare Art der Ausschmückung die mannigfachste Verwendung. Viele hohe und höchste Frauen früherer Zeit verschmähten es nicht, ihr Talent in den Dienst dieser edlen Arbeit zu stellen, und erfreuten sich gern an dem schönen, kunstvollen Schaffen. In erster Linie bedurfte aber die Kirche des prächtigen Schmuckes für ihre Zwecke, und wir finden daher insbesondere unter den kirchlichen Stickereien dieser Art so manches Kunstwerk von hohem bleibendem Werthe.

Es würde zu weit führen, alle die Wandlungen zu besprechen, welchen der uns beschäftigende Zweig der Kunststickerei im Laufe der Zeiten unterworfen war. Nur bei den letzten Decennien wollen wir einen Augenblick verweilen. Wir finden zu Beginn unseres Jahrhunderts die Stickerei in gänzlichem Verfalle. Schlechter Geschmack in Zeichnung und Farbenwahl, Mangel an kunstvoller Technik sind in Bezug auf unsere Kunst das traurige Merkmal der auf die französische Revolution folgenden Jahre. Speciell die Goldstickerei war aus dem Kreise häuslicher Handarbeit fast vollständig verbannt. Nur als Kunstgewerbe schien diese Technik zur Zeit des Empire einen kleinen, localen Aufschwung nehmen zu wollen, der aber mit dem Schwinden der kalten Prunkentfaltung dieser Epoche ein rasches Ende fand. Es blieb der Goldstickerei nur ein Gebiet: das Schaffen für kirchliche Zwecke; und auf diesem Gebiete raffte sie sich zuerst an der Hand alter,

gediegener Muster aus der Verrohung empor, in die sie auch hier verfallen war.

Eine allmälige Rückwirkung dieses Aufschwunges zum Besseren auf Kunstgewerbe und häusliche Stickarbeit blieb nicht aus. Der durch Sammlungen, Museen und Ausstellungen erweiterte Gesichtskreis, der Rath gediegener, sachverständiger Künstler trugen das ihrige zur Hebung des Geschmackes und zur Verfeinerung der Technik bei. Den grössten Einfluss nach jeder Richtung hin übte aber die Gründung eigener Stickschulen aus. Oesterreich ging in dieser Hinsicht mit der Errichtung der k. k. Fachschule für Kunststickerei in Wien den übrigen Staaten bahnbrechend voran. Alle Zweige der Stickerei werden hier mit gleicher Sorgfalt, einer künstlerischen Entfaltung entgegengeführt. Auch die Goldstickerei in ihren edelsten Techniken ward wieder Gemeingut kunstliebender Frauen, ja, noch mehr, sie wurde zu einer lohnenden Erwerbsquelle für die tüchtigen, an dieser Anstalt ausgebildeten Stickerinnen.

Es dürfte gewiss von Interesse sein, an der Hand eines leicht fasslichen Lehrcurses für Goldstickerei in die Lage versetzt zu werden, diese kunstvolle Handarbeit zu erlernen, um so mehr, als die gegenwärtige Geschmacksrichtung eine Verwendung derselben zu den vielseitigsten Zwecken begünstigt.

Die Grundbedingung für eine schöne Goldstickerei liegt in einer guten, stilvollen Zeichnung, und wir werden Sorge tragen, dass dieser Bedingung im Verlaufe unseres Lehrcurses vollkommen entsprochen werde.

Goldstickerei lässt sich auf den verschiedenartigsten Stoffen anbringen, als da sind: Tuch, Sammt, Atlas, Peluche, Leder etc. Doch muss bei schwerer

Goldstickerei stets eine starke Leinwand als Unterlage genommen werden.

Es existiren mehrere Techniken dieses Zweiges der Kunststickerei, welche jede für sich oder miteinander vereint angewendet werden können. Die hauptsächlichsten sind:

1. Die Bouillon- oder Cantillestickerei;
2. Die Sprengtechnik;
3. Die Stecharbeit;
4. Das Anlegen (Gelegte Goldfäden).

Man bedient sich beim Goldsticken ausser eines starken Stickrahmens noch einiger Utensilien, und zwar: Eines Schneidemessers (Fig. a) zum Ausschneiden der Unterlagen; einer hölzernen Bretsche (Fig. b) zum Aufspulen des Goldes; eines Nadelhalters (Fig. c) zum Fassen der Stechnadel und einer kleinen Stahlschaufel (Fig. d), deren Zweck wir im Laufe des Lehrganges kennen lernen werden.

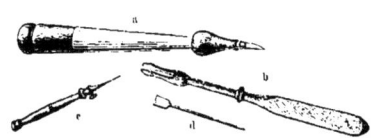

I. Theil:

Die Bouillon- oder Cantillestickerei.

Wir beginnen unseren Lehrcurs mit der Bouillonstickerei als der einfachsten der oben genannten Techniken.

Um dieselbe auszuführen, wird die als Unterlage für den Grundstoff dienende Leinwand zunächst lose in einen Rahmen gespannt und, wenn dies geschehen ist, der Stoff dem geraden Faden der Leinwand entlang von allen Seiten stramm aufgeheftet und dann mit der Leinwand festgespannt.

Hierauf überträgt man die Zeichnung auf den Stoff. Dies geschieht in folgender Weise: Man durchsticht zunächst das Papier, auf welchem sich die Zeichnung befindet, genau den Linien derselben entlang mit der Stechnadel, glättet die Rückseite sehr vorsichtig mit Glaspapier, und legt hierauf die durchstochene Zeichnung auf den, wie oben angedeutet, gespannten Stoff. Sodann wird sie behutsam mittelst eines Pausballens gerieben, welchen man vorher, je nachdem die Zeichnung weiss oder schwarz übertragen werden soll, entweder in geschabte Kreide oder aber in pulverisirten Graphit oder in fein geriebene Kohle eingetaucht hat. Die in dieser Weise auf den Stoff übertragene Copie wird mit weisser Farbe oder mit Bleistift correct ausgezeichnet. Bei Stickereien auf Peluche oder nicht kurz geschorenem Sammt paust man die Zeichnung auf die Leinwand, mit welcher diese schweren Stoffe unterfüttert werden müssen, und näht die Contouren derselben mit gelber Seide derart nach, dass die Zeichnung auf dem Sammt mit kleinen Stichen correct markirt erscheint.

Die Bouillonarbeit wird in der Regel über eine nur wenig erhöhte Unterlage gestickt. Diese schafft man sich entweder dadurch, dass man die auf den

Fig. 1.

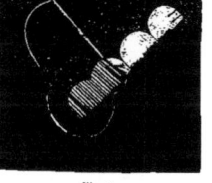

Fig. 2.

Stoff übertragene Zeichnung direct mit Baumwolle überstickt (das sogenannte Unterlegen, oder aber — und dies ist die Regel indem man die Zeichnung so, wie dies oben erklärt wurde, auf ganz dünnen Carton überträgt, und sie hierauf mittelst des Schneidemesserchens genau ausschneidet. Die auf diese Weise gewonnenen Formen der Zeichnung werden mit Gummi-Guttae gelb gefärbt, und dann auf der Kehrseite mit aufgelöstem Gummi oder mit Syndetikon bestrichen und correct nach der Zeichnung auf den Stoff geklebt. Wenn der Klebstoff getrocknet ist, werden sämmtliche Ecken der Formen mit gelber Nähseide niedergenäht, wie es die Abbildung Fig. 1 ersichtlich macht.

Die zur Arbeit bestimmten Bouillonfäden (unter welchen wir stets, wenn nicht ausdrücklich etwas anderes gesagt ist, Gold-Bouillon verstehen) sind ein wenig auszuziehen und dann in kleine, der Breite der zu überstickenden Stückchen zu schneiden; doch soll der Bouillon immer etwas länger sein als der zu überstickende Carton, damit er an beiden Seiten über die Form herabreicht, so dass die Stickerei stets schön abgerundet erscheint. Zum Sticken mit Bouillon benützt man sehr feine gelbe Nähseide, welche mit Wachs überstrichen wird, um der Arbeit die nöthige Festigkeit zu geben.

Beim Beginne der Ausführung von Fig. 1 führt man die Nadel mit dem Seidenfaden etwa einen Millimeter vom Carton entfernt durch den Stoff herauf, fasst das der Breite des zu überstickenden Cartons entsprechende Stückchen Bouillon auf die Nadel, lässt es von da über die Seide bis zu jener Stelle gleiten, wo der Faden heraufgestochen wurde, und überlegt damit den Carton in der Weise, dass man den Seidenladen auf der anderen Seite desselben wieder in der gleichen Entfernung hinabsticht. Der nächste Stich darf nicht dicht neben den vorhergehenden gefügt werden, sondern es muss so viel Raum zwischen beiden bleiben, dass sich die Bouillons nicht drängen.

Fig. 4.   Fig. 3.

Die Ausführung von Fig. 2 ist wegen der verschiedenen Länge der Bouillonstückchen etwas schwieriger. Bei beiden Mustern ist die Stichlage durch das Abwechseln von Matt-Bouillon mit Glanz-Bouillon deutlich zu ersehen.

Fig. 3. in Glanz-Bouillon ausgeführt, bringt zur Anschauung, in welcher Stichlage geschweifte Formen zu sticken begonnen werden sollen.

Fig. 4 stellt eine solche fertig gestickte Form dar.

Fig. 5 und Fig. 6, welche in Matt-Bouillon hergestellt sind, lehren die Stichlage einfacher Buchstaben. Die Materialbehandlung ist bereits bekannt.

Fig. 7 stellt eine weniger leicht ausführbare Form in ihrem Beginne dar; Fig. 8 zeigt die fertige Form in Matt-Bouillon.

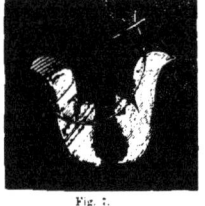

Fig. 7.

Fig. 9 bringt angefangene Theile eines Sternchens, in Glanz-Bouillon ausgeführt.

Fig. 10 lehrt das Aufsetzen der Folie, welche den Mittelpunkt bildet. Es werden zu diesem Behufe in das schmale Rändchen der Folie mit der Stechnadel etwa 5 kleine Löcher gestochen, welche dazu dienen, um dieselbe an den ihr bestimmten Platz anzunähen. Wenn

Fig. 9.

dies geschehen ist, umgibt man sie mit einem Ring aus Matt-Bouillon (Fig. 11), welcher zur besseren Befestigung mit einigen Stichen feinster Seide vom Aussenrande her in die früher erwähnten kleinen Löcher überfangen wird. Fig. 12 bringt die Abbildung des vollendeten Sternchens.

Fig. 13 stellt ein in der Ausführung begriffenes Lorbeerblatt dar. Die Bouillons werden vom Aussenrande des Blattes bis zur Mitte desselben, woselbst sich ein Einschnitt im Carton befindet, in schräger Richtung einander entgegen stehend gearbeitet. Wenn das Blatt vollendet ist, wird die Mittelader mit einem entsprechend langen Stücke Matt-Kraus-Bouillon geziert, (Fig. 14) welches seiner ganzen Länge

Fig. 5.   Fig. 6.

nach in der gewöhnlichen Weise dem Laufe der Ader entlang aufgelegt, sodann aber mit einigen Ueberfangstichen aus feinster Tramascide niedergehef wird; ein Vorgang, der bei Anwendung längerer Bouillonstücke stets zu beobachten ist.

In Fig. 15 sehen wir mehrere solcher Blättchen zu einem Zweige vereinigt; dieselben sind abwechselnd in Matt- und Glanz-Bouillon gearbeitet. Die Stichlage ist die gleiche wie bei Fig. 13 und 14. Zum Stiele ist Matt-Bouillon verwendet;

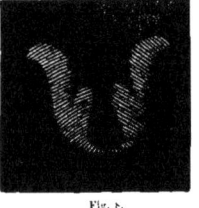

Fig. 8.

die Beeren bestehen aus Folie, welche genau nach der Anleitung bei Fig. 10 und 11 aufgesetzt wird. Die Theilung der Blätter wird bei den in Matt-Bouillon gestickten mit Glanz-Kraus-Bouillon geziert, und umgekehrt bei den glänzenden Blättern mit Matt-Kraus-Bouillon versehen.

Fig. 16 stellt ein Bouquet in Bouillonstickerei auf olivegrünem Sammt dar, etwa zur Verzierung eines Etui bestimmt. Zur

Fig. 10.   Fig. 11.

Fig. 12.

Ausführung desselben benöthigt man ausser schwerem Seidensammt folgende Goldsorten: Matt- und Glanz-Bouillon, feinsten Matt- und Glanz-Kraus-Bouillon und endlich Goldfrisé. Die Blätter und der Stiel werden aus dünnem Carton, die Beeren jedoch aus gelb gefärbter Leinwand, welche vorher cachirt, das heisst mit

Fig. 13.

Fig. 14.

dünnem Papier mittelst Mehlkleisters unterklebt wurde, geschnitten und mit dem gleichen Klebemittel auf den Grundstoff befestigt. Die Leinwand-Unterlage der Beeren wird überdies am Rande mit Saumstichen angenäht; sodann werden die Contouren derselben mit Goldfrisé umrandet. Zu diesem Behufe fasst man einen Faden dieses Materiales in eine Nadel, sticht dieselbe an einer beliebigen Stelle des Contours der betreffenden Beere herauf, heftet den Faden dem Kreise folgend mit Ueberfangstichen aus feinster Seide in gleichmässigen Zwischenräumen nieder und sticht ihn schliesslich an der Aufstichstelle wieder hinab. Den Innenraum der Beeren füllt man mit sehr klein geschnittenen Stückchen Gold-Kraus-Bouillon, welche dicht neben einander derart auf die Leinwand zu nähen sind, dass sich aus dem Bouillon kleine, emporstehende Ringelchen bilden (Fig. 17). Diese Arbeit fordert eine ganz besondere Gleichförmigkeit, damit sämmtliche Ringelchen von derselben Grösse und Höhe werden. Einen Theil der Beeren füllt man mit Glanz-, den anderen aber mit Matt-Kraus-Bouillon. Der Stiel wird in Matt-Bouillon gearbeitet, die Blätter zum Theil in Glanz-, zum Theil in Matt-Kraus-Bouillon ausgeführt. Die matten Blätter erhalten eine Ader aus Glanz-, die glänzenden eine solche aus Matt-Kraus-Bouillon.

Fig. 15.

Fig. 16.

Wir bringen nun einige in Bouillonstickerei auszuführende Borduren, wie solche zur Umrandung grösserer Arbeiten verwendet zu werden pflegen. Auch hier ist das Muster in der bereits erklärten Weise auf den Grundstoff zu übertragen. Sodann werden bei Fig. 18 zunächst die geraden Linien der Zeichnung mit einem Faden starken Goldfrisé's und einem Faden Matt-Goldbrillantine, welche zusammen in eine gröbere Nadel zu fassen sind, überlegt, wobei man in derselben Weise verführt, wie bei der Umrandung der Beeren in Fig. 17, nur mit dem Unterschiede, dass dort die Fäden im Kreise gelegt, daher an der Aufstichstelle wieder hinuntergestochen wurden, während sie hier gerade zu spannen sind. Die stärkeren Sterne sind in gleicher Art mit einem Friséfaden zu umranden und an der inneren Seite desselben mit einem etwas stärkeren Matt-Kraus-Bouillon zu belegen. In die Mitte dieser Sterne kommt ein Silber-Glanz-Kraus-Bouillon mit einem Kreise aus Matt-Gold-Bouillon umgeben. Die zarten Sterne sind aus längeren Stücken Matt-Bouillon herzustellen, welche wie die Blattadern in Fig. 14 aufgelegt und festgeheftet werden. Zum Schlusse sind auch diese Sternchen mit einem Faden Matt-Goldbrillantine zu umranden.

Behufs Ausführung der nun folgenden Bordure Fig. 19 ist zunächst eine entsprechende Anzahl der in der Zeichnung erscheinenden Formen ⟨⟩ aus cachirter Leinwand auszuschneiden und auf die correspondirenden Stellen der auf den Grundstoff übertragenen Zeichnung nach der Anleitung bei Fig. 1 zu kleben und mit Saumstichen festzunähen. Hierauf umrandet man diese Formen mit Goldfrisé und füllt sie in der wiederholt angegebenen Weise mit Ringelchen aus Glanz-Kraus-Bouillon; die kleinen Kreise werden wie

2

Fig. 10 und 11 hergestellt. Der geradlinige Abschluss der Bordure besteht aus einer dünnen Baumwollschnur als Unterlage, welche mit feinem Matt-Bouillon in schräger Richtung überstickt ist. Bei Fig. 20 werden die stilisirten Blümchen mit einem Faden starken Matt-Brillantine umrandet und mit kleinen Stücken Glanz-Kraus-Bouillon wie Fig. 17 gefüllt; in die Mitte des Blümchens setzt man eine Goldperle und umgibt diese mit einem Kreise von Matt-Bouillon. Die Blätter sind mit zwei Reihen Goldschnürchen zu contouriren, und mit reihenweise nebeneinander liegenden längeren

Fig. 17.

Kreis aus Matt-Bouillon umgeben. Zwischen je solcher vier Rosetten erscheint ein aus vier kleinen Stücken Glanz-Bouillon hergestelltes Sternchen. Das Füllmuster Fig. 22 bringt zur Anschauung, in welcher Weise man Goldstickerei mit Application zu vortheilhafter Wirkung vereinigen kann. Unser Original ist auf dunkelrothem Moiré gearbeitet, und fände die beste Verwendung bei Stickereien im Barokstil zur Ausfüllung grösserer Flächen. Zu Beginn der Arbeit wird ein entsprechendes Stück Moiré in einen Rahmen eingespannt; dann bestreicht man ein gleichgrosses Stück Rollen-

Fig. 18.

Stücken Matt-Kraus-Bouillon auszufüllen. Das Geäder der Blätter wird mit brauner Seide im Stielstich eingestickt.

Mit Fig. 21 und 22 bringen wir zwei Beispiele in Bouillon ausgeführter Füllmuster. Muster aus diesem Materiale eignen sich vorzüglich zur Ausführung grösserer Formen, da sich der Bouillon seiner Stärke und verhältnissmässigen Ungeschmeidigkeit wegen zu ganz feinen Arbeiten nicht verwenden lässt. Das Füllmuster Fig. 21 besteht aus kleinen Rosetten, welche durch je sieben im Kreise liegende kleine Ringe aus Matt-Gold-Bouillon gebildet werden. Zur Ausführung eines solchen Ringelchens fasst man eines der sieben gleich langen Stücke dieses Materiales auf die von unten herauf geführte Nadel, lässt dasselbe auf den Seidenfaden gleiten, sticht an der Aufstichstelle wieder hinab, und zieht den Faden so lange an, bis sich aus dem Bouillon ein kleiner, etwas aufstehender Kreis gebildet hat; wenn sämmtliche sieben Ringelchen so weit hergestellt sind, befestet man sie mit einigen Ueberfangstichen aus feinster Tramaseide nieder, wobei darauf zu achten ist, dass sie eine exact runde Form erhalten. In die Mitte jeder Rosette wird eine kleine Perle gesetzt und mit einem

Fig. 19.

papier mittelst eines breiten Pinsels leicht und vollkommen glatt mit Mehlkleister, legt die bestrichene Seite auf die Kehrseite des Seidenstoffes, und streicht nun mit einem Leinwandtuche das Papier von der Mitte ausgehend nach allen Richtungen hin auf den Stoff fest; hiebei ist darauf zu achten, dass sich im Papiere keine Falten bilden. Wenn der Kleister trocken ist, nimmt man den derart cachirten Stoff aus dem Rahmen, paust den Contour der auszuschneidenden Form auf die Papierseite, zeichnet ihn mit Bleistift nach, und schneidet ihn mit einer Scheere genau aus. Sodann wird der Contour auch auf den gleichfalls gespannten Grundstoff, auf welchen die Application erfolgen soll, gepaust, und die früher ausgeschnittene Form mit der cachirten Rückseite auf denselben geklebt. Wenn auch hier der Kleister getrocknet ist, näht man den Contour mit Saumstichen in feinster Seide fest. Auf den in dieser Weise applicirten Seidenstoff überträgt man nun die Zeichnung der Goldstickerei mittelst Pause und weisser Farbe (fleur de neige).

Die Stickerei selbst ist nach den bisher gegebenen Anleitungen leicht auszuführen. Die glatten Stäbe werden aus je einem Faden Matt-Bouillon, die Rosetten bei der Kreuzung der Bouillonfäden aus kleinen Ringen von Matt-Bouillon wie bei Fig. 21 hergestellt; in der Mitte erhält jedes Ringelchen ein ganz kleines Stück Silber-Glanz-Kraus-Bouillon. Der obere Zackenrand ist mit einem Doppelfaden starken Goldfrisés umrandet und mit Picots umgeben, Daumen und Zeigefinger haltend, so oft übereinander, bis sich dadurch eine gleichmässig geformte Schnur gebildet hat. Das Ende der Bouillonschlinge darf während des Drehens nicht von der Nadel gleiten, da sich die Schnur sonst aufrollen würde. An der Stelle, wo man den Faden zuletzt herausgestochen

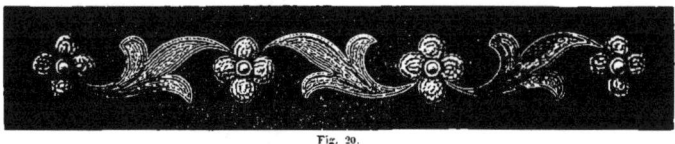

Fig. 20.

welche in der gleichen Weise gearbeitet sind wie die Ringelchen bei den Rosetten.

Den unteren Abschluss bildet ein sogenannter „Dreher". Dieser wird ausgeführt, indem man zunächst einen Seidenfaden an der linken Seite des Abschlusses hat, wird das Ende des Drehers vernäht, und dieser dann noch mit einigen Stichen auf den Grundstoff festgeheftet; schliesslich wird er bei unserem Muster auf beiden Seiten mit einem Doppelfaden starken Goldfrisés begrenzt.

Fig. 21.

heraufsticht, dann eine entsprechende Anzahl von Bouillonstücken (jedes selbstverständlich etwas kürzer als die Nadel), die zusammen mehr als die doppelte Länge des Abschlusses ausmachen müssen, auf den Seidenfaden fasst, und diesen an derselben Stelle, Als Abschluss des Lehrcursus der Bouillonstickerei mögen zwei Monogramme dienen, da sich zur Ausführung solcher gerade diese Technik, sowie überhaupt jede Art der Goldstickerei vorzüglich eignet. Bei dem Monogramm Fig. 23 wird der Buch-

Fig. 22.

wo heraufgestochen wurde, wieder hinabführt, so dass die ganze Bouillonstange eine Schlinge bildet. Sodann sticht man an der entgegengesetzten Seite des unteren Randes die Nadel wieder herauf, fasst mit der Spitze derselben die Bouillonschlinge an der umgebogenen Stelle und dreht sie, die Nadel zwischen stabe „B" in feinstem Matt-Gold-Bouillon, das „L" jedoch in Glanz-Bouillon derselben Stärke mit Hinterstichen auf den Grundstoff ohne Unterlage ausgeführt; die Ausläufer bestehen aus zwei einfach gelegten Bouillonfäden, welche mit einigen Ueberfangstichen zu befestigen sind. Die Stichlage ist aus der Abbildung deutlich ersichtlich. Mit Fig. 24 bringen wir ein Monogramm „U-M" in Bouillon-stickerei auf einem Schild aus rothem Seidenstoff. Bevor man zur Ausführung des Monogrammes schreitet,

Fig. 23.

ist der Seidenstoff in der bei Fig. 22 gelehrten Weise zu appliciren, die Zeichnung wie dort zu über-tragen etc.

Wenn die Vorarbeiten beendet sind, umrandet man den Buchstaben „M" mit Goldfrisé und füllt den Innenraum mit einem Faden Glanz-Kraus-Bouillon aus; an breiteren Stellen legt man zwei

Bouillonfäden nebeneinander — selbstverständlich müssen dieselben in kurzen Zwischenräumen nieder-geheftet werden. Bei dem zweiten Buchstaben „U" sind lediglich die Contouren mit Matt-Bouillon zu

Fig. 24.

belegen, der von beiden Seiten einen Faden starken Matt-Brillantine als Umrandung erhält. Die Rand-verzierung des Schildes wird aus mehreren neben-einander liegenden Fäden Matt-Bouillon hergestellt, ausgenommen das blattartige Ornament, welches mit Matt-Brillantine umrandet und mit Matt-Kraus-Bouillon wie Fig. 17 gefüllt wird.

II. Theil:

Die Sprengtechnik.

Die Sprengtechnik findet vorzugsweise als decorative, plastisch wirkende Stickerei Anwendung. Zu ihrer Ausführung ist eine starke Unterlage von Carton oder Leder erforderlich. Im Gegensatze zur Bouillon-Arbeit werden bei dieser Technik feste Goldfäden verwendet, welche jedoch gleichfalls nicht durch den Stoff geführt, sondern über die plastische Unterlage hin- und zurückgeleitet werden. Der Stoff kann in derselben Weise wie bei der Bouillon-Stickerei auf sehr starke Leinwand gespannt werden, wenn jedoch der Gegenstand, dem die Stickerei als Ornament dienen soll, nicht biegsam ist, so ist es auch zulässig, die Leinwand gleich zu Beginn sehr fest zu spannen, und den Stoff mittelst dünnen Mehlkleisters auf dieselbe aufzuziehen, wobei man wie beim Appliciren

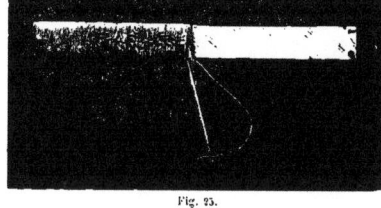

Fig. 25.

verfährt. Wenn der Kleister getrocknet ist, wird die Zeichnung auf den Stoff übertragen; die derselben entsprechenden, aus starkem Carton geschnittenen Formen werden mit Gummiguttae gelb gefärbt, auf der Kehrseite mit aufgelöstem Gummi oder Syndetikon bestrichen und genau nach der Zeichnung aufgeklebt. Es ist dies dasselbe Verfahren, wie wir es bereits bei der Bouillon-Stickerei (Seite 3) kennen gelernt haben. Hierauf müssen gleichfalls wie bei der Bouillon-Stickerei, die

Fig. 26.

sämmtlichen Ecken der Formen fest niedergenäht werden. Diese Stiche aus gelber Seide bilden eine Verbindung zwischen dem Stoffe und der Carton-form, auf welche die den Anfang und den Schluss bildenden Goldfäden herabzugleiten haben, damit durch dieselben die Kante des Cartons verdeckt werde (siehe Fig. 25). Ist die Arbeit in der ange-

deuteten Weise vorgerichtet, so spult man das Gold gewöhnlich einen doppelt genommenen Faden auf die Bretsche, das zum Sprengen nöthige Werkzeug. (Einleitung, Fig. b.) Zur Schonung des Goldes wird sie vorher mit starken Seidenfäden dicht umwickelt.

Wenn das Gold gespult ist, legt man das Ende des Doppelfadens in die am oberen Theile der Bretsche befindliche Gabel und beginnt die Arbeit bei Fig. 25 damit, dass man dieses Fadenende an der linken Seite der Leiste nach oben zulegt, und ihn daselbst wiederum mit einem Stiche aus starker, gelber Nähseide befestigt. In dieser Weise wird der Doppelfaden in dichter, streng paralleler Reihenfolge abwechselnd hin- und zurückgelegt, und mit demselben die Leiste von links nach rechts fortschreitend überdeckt. Jeder der befestigenden Rück- (Hinter)-Stiche muss so weit sein, dass der Doppel-Goldfaden innerhalb desselben bequem Raum findet. Bei dieser Arbeit ist die rechte Hand stets oberhalb des Rahmens, die linke aber unterhalb desselben zu halten. Der rechten Hand fällt zunächst die Aufgabe zu, den Goldfaden mittelst der Bretsche über die Leiste zu legen, dann die von der linken Hand nach oben geführte Nadel mit dem Seidenfaden herauszuziehen und mit derselben den Rückstich über den Goldfaden auszuführen. Die linke Hand fasst sodann die herabgestochene Nadel und wickelt beim Herabziehen derselben den Seidenfaden um das Goldfinger.

Wenn die rechte Hand das Gold vollständig in die richtige Lage gebracht hat, wird der Seidenfaden stark angezogen, wodurch sich das Gold

Fig. 27.

Fig. 28.

stramm über die Leiste legt. Der Seidenfaden bleibt so lange um den linken Goldfinger gewickelt, bis die rechte Hand, nachdem sie den Doppelfaden (Gold) mit der Bretsche wieder nach der entgegengesetzten Seite über die Leiste zurückgelegt hat, die von der linken Hand nach oben geführte Nadel zum neuen Rückstiche emporzieht. Es ist Regel bei der Sprengarbeit, dass man dieselbe bei wagrechter Lage der Form stets auf der linken Seite beginnt und nach rechts zu fortsetzt (siehe Fig. 25), während man sie bei vertical stehenden Formen von unten nach oben hin fortschreiten lässt. Es ergibt sich wohl manchmal die Nothwendigkeit, bei kleinen Wendungen von dieser Regel abzugehen, aber dies darf nur für wenige Stiche stattfinden; sonst thut man besser, den Goldfaden in der Länge von einigen Centimetern abzuschneiden, durch den Stoff hinabzuziehen und in der Weise von Neuem zu beginnen, dass man der Stelle, an welcher man vorhin aufhörte, wieder entgegen-

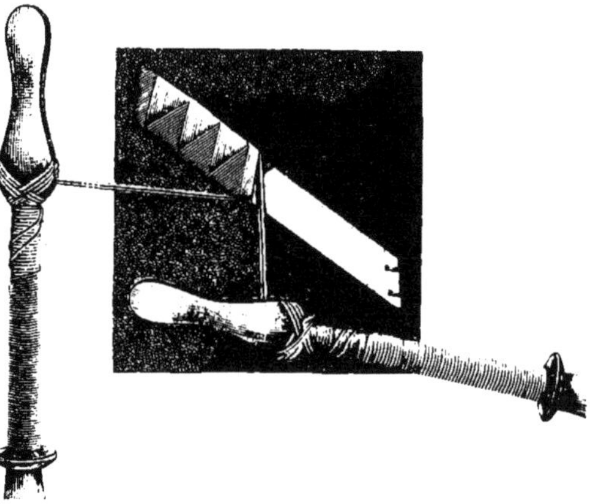

zieht unten die bereits herabgestochene Nadel fest an, und reisst auf diese Weise die Goldfäden mit der Seidenschlinge hinab. Den gleichen Vorgang hält man ein, wenn das gespulte Gold bis auf ein kleines Endchen aufgearbeitet ist. Auch befestigt man in dieser Art das Gold beim Anfangen der Arbeit für den Fall, als der doppelt genommene Goldfaden in der Weise auf die Bretsche gespult wurde, dass man mit den beiden getrennten Enden desselben beginnen muss. Die Seide, deren man sich bei der Sprengarbeit bedient, muss stets gut mit Wachs bestrichen werden, damit sie erhöhte Widerstandskraft erhalte. Fig. 26 zeigt das schräge Sprengen. Dasselbe wird der Hauptsache nach, wie oben beschrieben, ausgeführt, nur mit dem Unterschiede, dass an jener Seite der Leiste, wo die Goldfäden voranliegen sollen, (auf unserer Figur oben) die Rückstiche weit und ein wenig entfernt von einander sein müssen; auf der anderen Seite, wo die Goldfäden zurückliegen (unten) werden

Fig. 29.

Fig. 30.

arbeitet. Zum Hinabziehen der abgeschnittenen Goldfäden hält man sich eine Nadel Nr. 5 mit starker Seide eingefädelt bereit; diese wird dicht neben dem zuletzt gemachten Rückstiche durch den Stoff herauf und in dieselbe Lücke wieder hinabgestochen; in die Schlinge, welche bei diesem Vorgange durch den Seidenfaden gebildet wird, legt man die Goldfäden,

nur kleine Rückstiche gemacht, von denen jeder dicht an den vorhergehenden zu fügen ist. Die Verschiedenheit der Stiche wird dadurch ausgeglichen, dass der Goldfaden infolge des Anziehens beim Ueberlegen stets die Neigung hat, aus der schrägen Lage in die verticale zu gerathen. Man benützt hier zur Nachhilfe auch das Schäufelchen

(Einleitung. Fig. d), um die Goldfäden je nach Bedarf in die vollständig richtige Lage zu drängen; doch darf das Gold niemals an der oberen Fläche der Stickerei damit berührt werden, sondern nur seitwärts an der Kante, wo es etwas unter den Carton gezogen ist. Fig. 27 und Fig. 28 bringen zwei einfache geradlinige Buchstaben, die mit einem einfach gespulten Faden Glanz-Brillantine schön gesprengt sind. Aus den Abbildungen ist zu ersehen, an welchen Stellen man zu arbeiten beginnt. Bei kleinen Formen, wie es die vorliegenden sind, empfiehlt es sich überhaupt, nur einen einfachen Goldfaden zu verwenden.

Fig. 29 ist abwechselnd mit glattem Goldfaden und Massivgold schräg gesprengt, und zwar von links unten, mit dem letzteren Materiale beginnend. Wenn der Doppelfaden aus Massivgold etwa achtmal, das ist viermal hin und viermal zurück über die Leiste gelegt wurde, lässt man die Bretsche unten an der Leiste zurück und arbeitet gleichfalls an der linken Seite, aber oben beginnend, mit glatten Goldfaden eine Strecke von gleicher Breite, indem man dieselben in entgegengesetzter Richtung schräg über das Massivgold legt. Hierauf lässt man die Bretsche

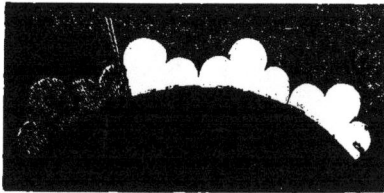

Fig. 31.

Fig. 32, 33, 34.

den gespannten Grundstoff geklebt und an den Ecken festgenäht. Die mittleren, ganzen Sterne sind mit einem Doppelfaden glatten Goldes wie Fig. 26 zu sprengen, die am Rande befindlichen halben Sterne jedoch mit Goldfrisé in der gleichen Weise zu arbeiten. In die Mitte einer jeden Sternfigur wird eine Goldfolie aufgesetzt und mit Matt-Bouillon umrandet. Die Begrenzungsstreifen der Bordure werden in der bei Fig. 29 angegebenen Art mit glattem Goldfaden und Goldfrisé ausgeführt.

Mit Fig. 31 lernen wir das Sprengen runder Formen kennen. Hiebei ist zu beachten, dass an der aufsteigenden Seite der Rundungen die befestigenden Stiche verhältnissmässig weit entfernt von einander eingestochen werden, damit das Herabgleiten der Goldfäden verhütet werde; beim Abwärtsarbeiten müssen im Gegensatze zu obigem Verfahren kleine, dicht an den vorhergehenden Stich angeschlossene Rückstiche gemacht werden. Der untere Theil der Figur wird in der gewöhnlichen Weise, wie die gerade Leiste Fig. 25 gesprengt. Als Material wurde bei der Vorlage Matt-Brillantine verwendet.

Fig. 32 bringt die Anwendung des vorstehend Gesagten bei Ausführung einer Blattform. Die Vor-

Fig. 35.

mit den Goldfäden oben liegen und arbeitet in der früheren Weise mit dem Massivgolde weiter. Durch das schräge Uebereinanderlegen der verschiedenen Goldsorten bildet sich eine Reihe von Zacken. Alles, was im Vorstehenden gelehrt wurde, findet sich in der Bordure Fig. 30 vereint angewendet. Zunächst werden sämmtliche Formen der Zeichnung aus starkem Carton ausgeschnitten, in der angegebenen Weise auf

lage ist gleichzeitig mit glattem Gold und Frisé gearbeitet; Beide Goldsorten müssen miteinander laufend, in je einem einfachen Faden auf eine Bretsche gespult werden und so einen Doppelfaden bilden. Man arbeitet das Blatt von unten beginnend, und zwar, da bei der Rundung die Fäden die Neigung zum Herabgleiten haben, mit weit voneinander entfernten Stichen. Die von der Blattfläche abzweigenden

Fig. 39.

Fig. 36, 37, 38.

Fig. 40.

Blattspitzen (Zähne) werden jede für sich gesprengt und die Fäden am Schlusse hinabgezogen. Ferner muss das Gold während des Ueberlegens über die Breite der Form bei dem die Blattrippe markirenden Einschnitte in der Mitte des Cartons jedesmal mit einem Steppstich überfangen und in den Einschnitt hinabgezogen werden. Es bildet sich hiedurch an dieser Stelle eine Rinne, welche man dazu benützt, um dem Blatte eine Verzierung zu geben. (Fig. 33). Es werden zu diesem Zwecke kleine Stückchen Matt-Bouillon von gleicher Länge in den Blatteinschnitt mit Hinterstichen derartig aufgenäht, dass jedes nachfolgende Stückchen bis zur Mitte des vorhergehenden

W M

Fig. 41.

reicht. Die Nadel muss hiebei stets schräg unter den bereits festgenähten Bouillon gestochen werden, damit sich ein Bouillonstückchen unter das andere schiebe. Hiedurch erhält die Verzierung das Aussehen zweier gleichmässig übereinander gewundener Schnürchen. Fig. 34 bringt das vollendete Blatt. Die Bordure Fig. 35 besteht aus einer ganzen Reihe solcher ineinander geschobenen Blattformen, von welchen abwechselnd je eine mit glattem Goldfaden, die zweite mit Gold-Brillantine und Schnürchen gesprengt wird. Die Einschnitte sind hier mit Goldflitter verziert, welche schuppenartig mit je einem Stückchen Matt - Gold - Bouillon

Fig. 42.

Fig. 44.

Fig. 43.

aufgesetzt werden. Dies geschieht in folgender Weise: An der äussersten Spitze das Einschnittes näht man einen Flitter auf, und sticht unterhalb des Randes desselben auf der Linie der Zeichnung heraus, nur so viel Raum lassend, als die Hälfte eines Flitters bedecken würde. Hierauf nimmt man einen zweiten Flitter, sowie ein Stückchen Matt-Bouillon auf die Nadel und sticht in die Lücke des vorhergehenden Flitterchens zurück, und so fort, bis die Linie, welche den Einschnitt bildet, bedeckt ist. Der Zwischenraum von je zwei Formen wird mit dunkel-broncefarbener Seide

Fig. 45.

in Stielstichen ausgefüllt. Fig. 36 stellt eine Eichel dar. Die Unterlage für dieselbe ist derartig geschnitten, dass zwischen dem oberen Theile und der Kapsel sich ein Einschnitt befindet. Zuerst wird die Kapsel mit Frisé in verticaler, dann der obere Theil mit glatten, feinen Goldfäden in horizon-

Fig. 47.

taler Fadenlage gesprengt, und schliesslich die erstere kreuzweise mit Goldfaden überlegt. (Fig. 37). Sodann befestigt man in dem Einschnitt einen Faden Matt-Bouillon und formt an der Spitze ein kleines Ringelchen aus dem gleichen Materiale. Fig. 38 zeigt die fertige Eichel. Fig. 39 bringt ein Eichenblatt. Dasselbe wird mit Glanz-Brillantine und Frisé, welche zusammen aufgespult werden, in derselben Weise wie Fig. 32 gearbeitet. In die Rippe des Blattes legt man einen Faden starken Frisés, welcher mit Ueberfangstichen aus feinster Seide zu befestigen ist.

kreuzen, zwar durchschnitten, doch bleibt stets ein kleines Stäbchen im Zusammenhange stehen, welches erst dann mit dem Schneidemesser entfernt wird, wenn die Arbeit bis zu der betreffenden Stelle vorgeschritten ist. Diese Vorsicht muss angewendet werden, um ein etwaiges Verschieben der Formen-

Fig. 46.

theile zu verhüten. Zunächst bringen wir als einfaches Muster ein Monogramm (H-S) mit übereinander liegenden Buchstaben. Fig. 42 lehrt, an welcher Stelle der oben liegende Buchstabe (S) zu sprengen begonnen werden soll. Als Materiale wurde bei dem vorliegenden Muster zu diesem Buchstaben Frisé verwendet. Fig. 43 zeigt den Beginn des unten liegenden Buchstaben (H) in glattem Gold gesprengt. Die Füllung des in der Mitte des „S" befindlichen Ausschnittes wird in kleinen Ringelchen aus Glanz-Kraus-Bouillon ausgeführt. (Siehe Fig. 17). Fig. 44 bringt das vollendete Mono-

(Fig. 40.) Fig. 41 besteht lediglich aus einer Zusammenstellung der Figuren 27. 28 und 36 - 40. Zum Stiele und zu zweien der Blätter sind glatte Goldfäden verwendet.

Wenn die Anfangsgründe des Sprengens vollständig erfasst sind, kann man auch an die Ausführung von Monogrammen schreiten. Bei übereinander liegenden oder ineinander verschlungenen Initialen ist der oben aufliegende Theil der Buchstaben stets zuerst zu arbeiten, damit der unten liegende fest angefügt werden kann. Die Cartonunterlage ist an den Stellen, wo sich die Buchstaben

Fig. 48.

3

gramm. Ein Monogramm mit verschlungenen Buchstaben (A-S) stellt Fig. 45 dar. Der Buchstabe „A" wird mit Matt-Gold-Brillantine, das „S" mit glattem Gold in Doppelfaden ausgeführt. Die Arbeit wird links unten beim „A" begonnen und bis zu jener Stelle fortgeführt, wo dieses von dem oben aufliegenden Theile des „S" durchschnitten wird. Hierauf sprengt man die an dem fertiggestellten Theil des „A" anliegenden Partien des „S" und wechselt auf diese Weise fortfahrend mit den Bretschen ab, je nachdem der eine oder der andere Buchstabe wieder nach oben zu liegen kommt. Mit dem Sprengen der unten liegenden Theile der Buchstaben muss man stets einige Millimeter vor jeder Kreuzungsstelle innehalten, damit genügender Raum für das Ausführen des kreuzenden oberen Buchstabentheiles bleibe; erst wenn letzterer fertiggestellt ist, können die wenigen fehlenden Stiche des unteren nachgeholt und fest angeschlossen werden.

Ganz in der gleichen Weise, jedoch mit feinerem Materiale (Frisé und glattes Gold) ist das zartere Monogramm Fig. 46 auszuführen.

Mit Fig. 47 bringen wir schliesslich eine ziemlich schwer auszuführende Arabeske, zu deren Herstellung ein glatter Doppelgoldfaden verwendet wird. Man beginnt dieselbe nach der Regel von unten in etwas schräger Richtung nach oben zu arbeiten; bei jedem Einschnitte wird das Gold mit Seidenstichen eingezogen. An jenen Stellen, wo die Form nach rechts abzweigt und sich so weit vom Hauptstiele entfernt, dass man nicht mehr die ganze Breite zusammenhängend arbeiten kann, beendigt man zunächst die betreffende Abzweigung, zieht den abgeschnittenen Goldfaden an der Spitze derselben hinab (siehe Abbildung) und setzt dann die Arbeit an jener Stelle des Hauptstieles fort, an welcher man vorhin aufgehört hat. An der oberen Rundung der Form arbeitet man so lange nach rechts hin, bis sich dieselbe herabzusenken beginnt (etwa bis hinter die letzte kleine Abzweigung), hier bricht man ab, um unten bei der Volute neu zu beginnen und der vorhin verlassenen Stelle entgegenzuarbeiten. Die innerhalb der Form liegenden Einschnitte werden mit Matt-Kraus-Bouillon ausgelegt. (Fig. 48). Bei dem Ueberfangen dieser Verzierungen ist es nöthig, jedem Stiche mit der Stechnadel (Einleitung, Fig. c) eine Lücke vorzubohren, da die feinen Nähnadeln den Einschnitt nicht durchstechen können.

III. Theil:

Die Stecharbeit.

Mit der Stecharbeit gelangen wir auf das Gebiet der kostbarsten Goldstickerei.

Es wird bei dieser Technik der Goldfaden nicht, wie beim Sprengen, blos auf der Oberfläche des Stoffes hin- und zurückgeleitet, sondern durch den Stoff gezogen, somit auch die Kehrseite des letzteren mit Gold bedeckt. Ueberdies verwendet man zur Stecharbeit im Allgemeinen ein besonders reich gesponnenes Material, das sogenannte „Stechgold".

Die Vorbereitungsarbeiten zu dieser Technik, nämlich das Spannen des Stoffes, das Uebertragen der Zeichnung auf denselben, das Ausschneiden, Aufkleben und Annähen der Formen, sind die gleichen, wie die in der ersten Ab-

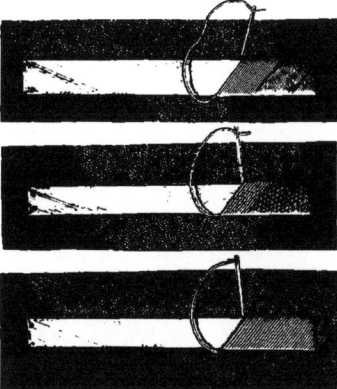

Fig. 49, 50, 51.

Fig. 52, 53.

theilung dieses Lehrcursus beschriebenen. Der Carton, dessen man sich auch hier als Unterlage bedient, soll in der Stärke die Mitte zwischen dem zur Bouillonarbeit und dem zur Sprengtechnik verwendeten einhalten; auch verwendet man bei biegsamen Gegenständen als Unterlage Leder oder nach der Form gelegte offene Baumwollfäden, welche, wenn die Stickerei besonders abgerundet erscheinen soll, nach Art der Weissstickerei zu behandeln sind. Um den Goldfaden in die Nadel zu fassen, löst man von einem etwa 5 Centimeter langen Stückchen des Fadenendes das Gold los, bestreicht den nun blossgelegten Seidenfaden mit Wachs, fasst ihn ein, und sticht die Nadel behufs stärkerer Befestigung nochmals durch denselben. Die Stichlage ist bei der Stecharbeit, wo nur immer möglich, schräg zu halten. Die Nadel wird stets dicht am Rande des Cartons eingeführt, der Goldfaden beim

Hinabstechen recht stramm angezogen, und hierauf an der entgegengesetzten Kante des Cartons wieder emporgestochen. Zur Schonung des Goldes und zur Erzielung einer gleichmässigen Stichlage muss jedem Stiche, der von unten herauf geführt werden soll, mit der Stechnadel ein Lückchen vorgebohrt werden. Man bohrt die letztere zu diesem Behufe von oben herab durch den Stoff und legt dann die Nadel mit dem Goldfaden dicht an sie an; gleichzeitig mit dem Zurückziehen der Stechnadel schiebt man die Nähnadel in der vorgebohrten Lücke nach. Dieses Vorstechen ist übrigens auch beim Sticken auf Leder, dem am schwierigsten zu behandelnden Materiale, in allen Techniken nothwendig, weil sich sonst bei jedem von unten herauf geführten Stiche durch die mitgerissenen Ledertheile ein weisser Rand auf der Oberfläche bilden würde. Weiter ist zu beachten, dass bei der schrägen Stichlage, in welcher die Stecharbeit zumeist ausgeführt wird, an der zurückstehenden Seite (bei Fig. 49 die obere) die Stiche stets dicht aneinander zu drängen sind, während sie auf der entgegengesetzten Seite immer ein wenig auseinander gehalten werden müssen.

Bei Fig. 49 wurde als Material Stechgold verwendet; Fig. 50 zeigt eine Leiste mit Glanz-Brillantine, Fig. 51 eine solche mit Massivgold gestickt. Auch benützt man sehr feine Goldschnürchen zur Stecharbeit, wie bei Fig. 52 und 53. Bei geschweiften Formen, wie es die beiden vorstehenden sind, muss man, um die schräge Stichlage beizubehalten und der Krümmung der Form entsprechend anpassen und wenden zu können, die bei Fig. 49 angegebene Vor-

Fig. 54.

Fig. 55.

sicht besonders strenge einhalten, das heisst, es sind zum Beispiel bei unserem Muster zu Beginn der Arbeit die Stiche an der nach aussen gekrümmten Seite dicht aneinander zu fügen, an der Innenseite dagegen auseinander zu halten, womit man erst dann aufhört, wenn man den Stichen wegen der Krümmung eine etwas geänderte Lage geben muss. (Siehe Fig. 53). Dieses Beibehalten einer gleichmässig schrägen und sich nur mit der Schweifung der Form

höheren und derberen Formen niemals eine solche Reinheit der Contouren aufweisen kann, wie eben die Stecharbeit. Um jedoch die nöthige Acuratesse zu erreichen, ist es unbedingt erforderlich, das Sticken jeder der hier abgebildeten, einfachen Formen so oft zu wiederholen, bis man genau die Stichlage und Abrundung der Vorlage erreicht hat. Ein solches Vorgehen ist zwar beim Lernen nach einem Lehrcursus überhaupt selbstverständlich, wenn man

Fig. 56.

Fig. 57.

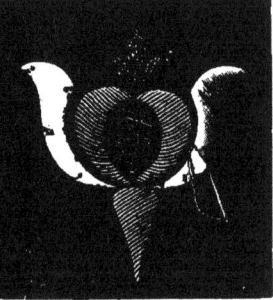

Fig. 58.

allmählich ändernden Stichlage erfordert grosse Uebung und bildet die grösste Schwierigkeit bei der Stecharbeit. Nur bei einer vollkommen präcisen Ausführung kann man bei dieser Technik die edle Wirkung erzielen.

ohne Anleitung durch eine Lehrkraft die grundlegende manuelle Fertigkeit erlangen will, doch hielten wir es gerade an dieser Stelle für nothwendig, ganz besonders darauf hinzuweisen.

Fig. 59.

die sie vor allen anderen Arten der Goldstickerei, insbesondere gegenüber der Sprengarbeit auszeichnet, welch letztere schon vermöge des ihr eigenthümlichen Umwendens der Goldfäden und der dadurch bedingten

Fig. 54 bringt eine mehrtheilige geschweifte Form zur Anschauung, deren oberer Theil in Matt-Brillantine ausgeführt ist, während zu dem unteren Stechgold benützt erscheint. In Fig. 55 ist die fertig gestickte Form abgebildet. Die stilisirte Blume Fig. 56 ist mit sehr verschiedenartigen Goldsorten gearbeitet. die miteinander vereint, eine hübsche Wirkung her-

mit einem Stiche aus olivefarbiger Seide nieder-geheftet. Ist das Mittelstück vollendet, so legt man den für die Einfassung bestimmten Carton auf, und

Fig. 60.

Fig. 61.

vorbringen. Die Ausführung geschieht folgender-massen: Wenn die Zeichnung auf den Stoff über-tragen ist, cachirt man auf das ovale Mittelstück ein mit feinem Roll-papier unter-klebtes Stück-chen olivefar-bigen Sammtes, dessen Ränder, sobald der Kleister ge-trocknet ist, mit Saumstichen festgenäht werden. Hierauf legt man sehr feine Gold-schnürchen in regelmässigen Zwischenräumen schräg über den Sammt und über-kreuzt sie in ent-gegengesetzter Richtung. Um dabei nicht mehr Goldfaden als nöthig zu ver-wenden, führt man die Nadel an derselben Seite, wo sie in den Stoff ge-

überstickt ihn mit sehr starkem Massivgold. Die beiden Seitenformen und der Stiel werden erst nach Vollendung der Mittelform aufgeklebt (Fig. 58); erstere werden mit feinem Stech-gold, letzterer mit dem gleichen Materiale wie die vorerwähnte Einfassung ge-stochen. Die zu-oberst befindliche Verzierung ist mit Goldfrisé zu umranden und mit Ringelchen aus Glanz-Kraus-Bouillon zu füllen, wie bei Fig. 17 ge-lehrt wurde. Hat man in der Her-stellung der vor-stehenden ein-fachen Formen grössere Fertig-keit erlangt, so ist es Zeit, sich an der Anwen-dung des Erlern-ten bei schwie-rigeren Arbeiten zu versuchen. Da

Fig. 62.

stochen wurde, wieder herauf (siehe Fig. 57). An den Stellen, wo die Fäden sich kreuzen, werden sie

sich die Stecharbeit sehr gut zur Ausführung zar-terer Buchstaben und Monogramme verwenden lässt, wollen wir nun eine Anzahl solcher bringen.

Der Spruch „Glück auf". Fig. 59. soll als Beispiel zur Ausführung deutscher Renaissance-schrift dienen. Hier wendet man die Stichlage nur bei den grossen, stark geschweiften Buchstaben (bei unserem Beispiel das „G"), während dieselbe bei den einfacheren kleinen Buchstaben und den Interpunktionen gleichmässig

Fig. 63.

schräg nach ein und derselben Richtung zu halten ist. Als Material ist zum „G" Massivgold, zu den kleinen Schriftzeichen glattes Gold verwendet. Die feinen Ausläufer und die Haarstriche werden mit Hinterstichen aus glattem Goldfaden, beziehungsweise aus Stechgold hergestellt. Bei gestochenen Monogrammen, in welchen sich die Schriftzeichen kreuzen, ist rücksichtlich der Reihenfolge in der Ausführung der einzelnen Theile das Gleiche zu beachten, was wir diesbezüglich bei der Sprengtechnik als Einleitung zur Monogramm-Stickerei sagten, das heisst, es sind die obenauf liegenden Theile der Buchstaben stets zuerst auszuführen, um die unten liegenden fest anschliessen zu können. Die Anwendung dieser Regel zeigt Fig. 60. während Fig. 61 das betreffende fertig gestickte Monogramm (N-C) bringt. Das „N" ist in Stechgold, das „C" in Matt-Brillantine ausgeführt. Die Stichlage ist

Fig. 61.

bei dem ersteren Buchstaben schräger gehalten, als bei dem letzteren, und folgt stets der Schweifung der Formen. Die Füllungen sind mit Ringelchen aus Silber-Glanz-Kraus-Bouillon gefüllt.

Fig. 62 bringt ein grösseres Monogramm (A-T) in Stecharbeit mit theilweiser Unterlage von rothem Sammt. Die Zusammenstellung von Goldstickerei mit Application. sowie die Erklärung. in welcher Weise die letztere herzustellen ist. haben wir schon bei Fig. 22 kennen gelernt. doch unterscheidet sich das vorliegende Muster von den bisher gebrachten dadurch. dass hier nur theilweise eine applicirte Stoffunterlage verwendet wird. während dort die ganze Goldstickerei auf dem applicirten Stoff ausgeführt wurde. Das Applicationsverfahren modificirt sich daher bei Fig. 62 folgendermassen: Aus dem cachirten Sammte werden lediglich diejenigen Theile der Monogrammform ausgeschnitten. welche eine Unterlage aus diesem Stoffe erhalten sollen; wenn dann das Monogramm auf den Grundstoff gepaust ist. werden diese ausgeschnittenen Sammttheile auf die entsprechenden Stellen der Zeichnung mit Kleister geklebt. Hierauf wird das Monogramm aus mittelstarkem Carton über den Sammt mit Gummi-

Fig. 65.

arabicum aufgeklebt und mit einem schweren Gegenstand so lange beschwert, bis der Gummi vollständig getrocknet ist. Zu diesem Zwecke muss jedoch der Rahmen auf einen Tisch gelegt und unter die zu beschwerende Stelle eine feste Unterlage geschoben

Fig. 63 bringt eine einfache Stickerei dieser Art zur Anschauung, welche auf olivefarbenem Sammt gearbeitet ist. Das Ornament und der Rand werden hier mit crêmefarbiger Stopfbaumwolle, wie an der Abbildung ersichtlich, unterlegt und zwar je nach

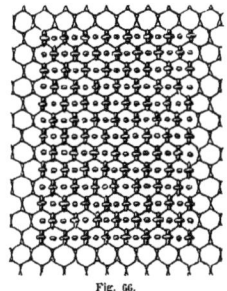

Fig. 66.

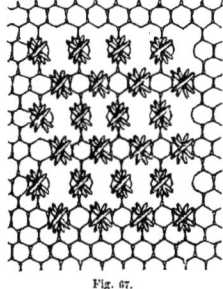

Fig. 67.

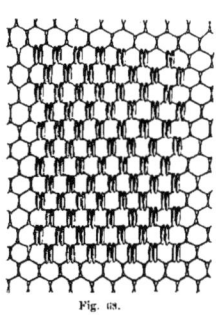

Fig. 68.

werden, weil sich sonst der Grundstoff verziehen würde. Es ist überhaupt anzuempfehlen, grössere Cartonformen nach dem Aufkleben und vor dem Festnähen auf diese Weise zu beschweren. Bei unserer Vorlage ist der Buchstabe „A" mit feinen Goldschnürchen, das „T" jedoch mit glattem Stechgold ausgeführt. An denjenigen Stellen, welche mit Sammt unterlegt sind, erscheint dieser Stoff ausgespart und die Cartonform, beziehungsweise die darüber ausgeführte Goldstickerei nur als Umrandung. Wo nun bei den Verschmälerungen die Umrandungen vollständig ineinanderlaufen, werden sie lediglich mit einer Stichlage überstickt, laufen sie aber in gleicher Breite nebeneinander fort, so wird jede von ihnen abgesondert überstochen, zu welchem Behufe die

Fig. 69.

Cartonform einen ziemlich breiten Einschnitt erhalten muss. Im Uebrigen ist eine möglichst schräge Stichlage anzustreben. Die kleinen, kleeblattförmigen Verzierungen werden gleichfalls über eine Cartonunterlage mit Matt-Brillantine gestochen.

Nachdem wir bisher verschiedene Muster der Stecharbeit mit fester, das heisst Cartonunterlage gebracht haben, wollen wir nun auch die Ausführung dieser Technik über gelegte Baumwollenfäden erläutern.

der Breite der Form, mit zwei oder mehreren nebeneinanderlaufenden Lagen, die mit Ueberfangstichen zu befestigen sind. Zu diesem Behufe fasst man einen herausgezogenen Faden der Wolle in die Nadel, nimmt hierauf einen ganzen Faden, legt denselben an die zu unterlegende Form an, und übersticht ihn genau dem Contour folgend, mit dem ersteren. An der Spitze der Form angelangt, schneidet man den gelegten Faden ab, oder wenn es die Form zulässt, wendet man um, und legt ihn früheren Lage folgend an; die Ueberfangstiche müssen dabei versetzt werden. Die Fäden werden stets der Form entsprechend vorgelegt; bei Biegungen hat man die Ueberfangstiche dichter zu halten. Nach Fertigstellung dieser Unterlage wird dieselbe in ganz der gleichen Weise wie die Cartonformen überstickt, und zwar bei unserer Vorlage mit feinen, dreifach gedrehten Goldschnürchen. Durch die Rundung der unterlegten Baumwollfäden erhält jedoch die Stickerei von selbst einen weicheren Charakter.

Die von dem Mittelornament strahlenförmig ausgehenden Ausläufer werden aus schuppenartig übereinander gereihten Flittern gebildet, wie dies bei Fig. 35 erklärt wurde. Die in den Zwischenräumen der Zeichnung zerstreut angebrachten Flitter werden jedoch mit Bouillon-Ringelchen, welche lediglich in die Mittellücke eingestochen werden, aufgesetzt. Die Picots am äusseren Rande sind aus Matt-Bouillon herzustellen. (Siehe Fig. 21 und 22).

Fig. 64 veranschaulicht die fertiggestellte Stickerei als Spielbörse montirt.

Eine andere Art der Stecharbeit, ohne jede Unterlage, nähert sich mehr der Plattstich-Stickerei und ist dann anzuwenden, wenn der Gegenstand, zu

wirken. Eine zarte Verbindung bilden die zierlichen, in den Tüllgrund eingestickten Musterchen. — Als Grundstoff ist elfenbeinweisser Faille, sowie Goldtüll gewählt; an Arbeitsmaterial kommt glattes Stechgold, dreifach gedrehtes Trama-Goldschnürchen und goldfarbige Nähseide, Alles in feinster Qualität, in Verwendung.

Zu Beginn der Arbeit spannt man, wie immer, das der Grösse der Zeichnung entsprechende Stück Faillestoff in den Rahmen, unterfüttert es mit Lein-

Fig. 70.

dessen Verwendung sie bestimmt ist, besonders weich und biegsam bleiben soll. Ein Beispiel hiefür gibt Fig. 65 mit einer Goldstickerei auf Seide über Tüllgrund; dieselbe würde sich vorzüglich zur Ausschmückung eines Sachets eignen. Die Wirkung der Arbeit ist die einer über Seidenstoff liegenden Goldspitze. Ein prächtiger Effect wird durch die mit Goldfaden ausgeführte Stickerei erzielt, da durch die Drehung der Stichlage Glanzlichter und dunkle Partien entstehen, die durch ihren Contrast besonders

wand, überträgt sodann die Zeichnung mittelst gestochener Pause darauf, und zieht die Contouren derselben mit Pinsel und Tusch aus. Hierauf wird der Goldtüll so darüber gelegt, dass die Lücken desselben mit den Mittelachsen der Zeichnung parallel laufen; man heftet den Tüll auch zuerst den Achsen, und dann erst den Rändern nach mit kleinen Stichen auf. Sobald die Arbeit so weit vorbereitet ist, kann mit dem Stechen der betreffenden Formen begonnen werden, welches hier, wie gesagt, ohne jede Unterlage erfolgt. Die Stichlage ist in Fig. 65 genau ersichtlich. Sollte sich während des Stickens hie und da ein Stückchen Gold lostrennen und dadurch der gelbe Seidenfaden, über welchen das Gold gesponnen ist, sichtbar werden, so wird, um die schadhafte Stelle zu verbergen, der Faden hinabgestochen, in einiger Entfernung, wie es eben die fehlerhafte Parthie verlangt, in derselben Figur oder in einer zunächst liegenden wieder heraufgeführt, gleich daneben abermals hinuntergestochen und sodann die Arbeit fortgesetzt.

Die Füllmuster, welche in Fig. 66, 67 und 68 vergrössert dargestellt sind, werden nach Vollendung der Stecharbeit ausgeführt. Bei Fig. 66 wird die Musterung durch Ueberstechen der Stäbchen des Tüllgrundes mit Kreuzstichen und einem in die Mitte gesetzten Steppstich aus feinsten Gold-Tramaschnürchen gebildet.

Zur Herstellung des Musters Fig. 67 wird jede zweite Lücke des Tüllgrundes mit einem Sternchen aus oben genanntem Material überstochen, und müssen nach dem Einsticken der Sternchen, die auf der Abbildung ersichtlichen Stellen aus dem Tüllstoffe herausgeschnitten werden. — Fig. 68 zeigt das einfachste der Muster, welches durch zweimaliges Ueberstechen jedes der im Tüll befindlichen Stäbchen mit feinsten Gold-Tramaschnürchen hergestellt wird. Unsere Abbildungen machen den Vorgang beim Herstellen der Muster deutlich ersichtlich. Nach Vollendung der Stickerei festonnirt man den äussersten Rand derselben mit feinster goldfarbiger Nähseide über ein doppelt gelegtes Gold-Tramaschnürchen; von dem aussen laufenden Theile desselben werden zugleich Picots gelegt. (Siehe Fig. 65.) Hierauf bestreicht man die Kehrseite der Stickerei mit Tragant, um die Fadenenden zu befestigen, nimmt die Arbeit nach dem Trocknen dieses Klebestoffes aus dem Rahmen, und schneidet sodann den nach aussen überstehenden Tüllstoff knapp den Contouren entlang unterhalb der Picots weg.

Fig. 69 stellt das fertig gestickte und schon montirte Sachet dar.

Mit Fig. 70 bringen wir eine Stecharbeit, gleichfalls über eine Unterlage von Baumwollfäden gearbeitet, jedoch mit Application combinirt. Als Grundstoff erscheint mittelolivegrüner Atlas, für die zu applicirenden Formen ist crêmefarbener Faille gewählt. Nach Beendigung der bei Fig. 22 erläuterten Vorarbeiten und nachdem man die Details auf die applicirten Formen gepaust und mit Bleistift ausgezogen hat, beginnt die Ausführung der Stickerei

bei den mit Goldfäden und Goldschnürchen gearbeiteten Füllmustern.

Fig. 71 zeigt eines derselben vergrössert. Es wird mit glattem Goldfaden angefertigt. Man spannt die Fäden parallel in gleichmässiger Entfernung über die ganze Breite der auszufüllenden Figur, und übersticht hierauf ebenfalls mit Goldfaden immer je zwei der gespannten Fäden in senkrechter Richtung in der in der Zeichnung dargestellten Weise.

Die Ausführung eines anderen, des „Streifenmusters", wird auf der Hauptfigur (70) selbst veranschaulicht. Man nimmt hiezu ein zweifach gedrehtes Goldschnürchen doppelt und befestigt es quer über der Form mittelst in gleichmässiger Entfernung ausgeführten Ueberfangstichen aus gelber Seide; an dem Contour angelangt, sticht man den Doppelfaden durch den Stoff hinab und dicht daneben wieder herauf, worauf er knapp an dem ersten Faden anliegend gleichfalls mit Ueberfangstichen, welche versetzt anzuordnen sind, niedergenäht wird. Die weiteren Streifen werden in der auf der Abbildung ersichtlichen Entfernung befestigt. Zwischen den einzelnen Streifen sind Stiche mit dreifach gedrehten Trama-Goldschnürchen auszuführen, welche in jeder Reihe versetzt werden und im rechten Winkel zu dem Streifen stehen müssen. Ausser diesen beiden vorstehend beschriebenen Mustern kommen noch zwei Gittermuster in Anwendung, welche sich nur durch die Grösse der Carreaux und das Material unterscheiden. Das kleinere Gitter wird mit glattem, feinem Goldfaden, das grössere mit zweifach gedrehtem Schnürchen ausgeführt. Man spannt die Fäden oder Schnürchen in schräger Richtung zuerst von links oben nach rechts unten und sodann in entgegengesetzter Richtung. An den Kreuzungsstellen überheftet man sie mit einem Stich aus gelber Seide.

Nach Fertigstellung sämmtlicher Musterchen werden die Reliefs ausgeführt. Dieselben müssen zuerst mit gelber Stopfbaumwolle wie bei Fig. 63 unterlegt werden, nur wird bei dem vorliegenden Muster auf die erste Lage noch eine zweite Schichte Fäden aufgetragen und so fort, bis die Unterlage genügend hoch erscheint; dieselbe muss in der Mitte am höchsten sein und gegen die Ränder und die Spitze hin abfallen. (Siehe Fig. 70.) Um dies zu erreichen, legt man jede folgende Schichte in die Zwischenräume der unten liegenden Fäden, wodurch sich von selbst eine schöne Abrundung ergibt. Unregelmässigkeiten gleicht man mit einzelnen Stichen aus. Die fertig unterlegten Formen werden mit dreifach gedrehten Trama-Goldschnürchen in Stech-

4

arbeit überstickt. Die einfachen Contouren führt man dagegen mit Goldgimpe aus, die mit Ueberfangstichen aus gelber Seide niederzunähen ist. Die hochgestickten Punkte sind mit einer Lage aus crêmefarbiger Baumwolle unterlegt, und mit Goldschnürchen überstickt; die Unterlage muss in entgegengesetzter Stichlage ausgeführt sein. Die Knötchen, welche in Gruppen oder einzeln die Formen zieren, werden mit ganz feinen Goldschnürchen in derselben Weise ausgeführt, wie bei der Weissstickerei; dieselben haben sich stets der Form anzupassen, so dass sie in einer grossen und breiten Form grösser, in einer schmalen kleiner sein müssen — in einer sich verjüngenden Figur werden sie sich daher auch verjüngen.

Die Stiche, welche von einzelnen Knötchen ausgehen, sind mit starkem, glattem Goldfaden auszuführen.

IV. Theil.

Das Anlegen. (Gelegte Goldfäden.)

Wir sind nun mit unserem Lehrcursus bis zur Technik des Anlegens vorgeschritten, jener Art von Goldstickerei, welche unbedingt als die edelste und kunstvollste bezeichnet werden muss. Es sind uns in dieser Technik ältere Arbeiten aus der besten Zeit der Goldstickerei erhalten, die den Titel „Kunstwerk" in vollem Masse verdienen, und durch Schönheit der Zeichnung und künstlerische Ausführung sowohl Kenner als Laien in gleicher Weise zur Bewunderung hinreissen. Wenn es auch nur besonderen Talenten vergönnt ist, nach jahrelanger Uebung Kunstwerke von hohem Werthe zu schaffen, so ist es doch auch weniger erfahrenen Stickerinnen möglich, ohne allzu grosse Mühe reizende Arbeiten in gelegten Goldfäden herzustellen; und hiezu anzuleiten, soll der Zweck der folgenden Erklärungen sein.

Im Gegensatze zu den übrigen Arten der Goldstickerei wird die Anlegearbeit häufig direct auf den Grundstoff gearbeitet. Man darf sich jedoch in einem solchen Falle nur eines glatten, zarten Stoffes bedienen: Peluche zum Beispiel ist hiezu unverwendbar. Führt man aber eine Arbeit in gelegten Goldfäden über eine Unterlage aus, so muss diese aus einem Material hergestellt werden, welches ein leichtes Durchstechen der Nadel zulässt, zum Beispiel cachirte Leinwand, Schnüre, Filz oder Kork.

Plastische und besonders fein modellirte Arbeiten werden am besten vorher mit Baumwolle, nach Art der Weissstickerei, unterlegt.

Fig. 72 zeigt einen schmalen Streifen cachirter Leinwand, welcher mit Kleister auf den Grundstoff

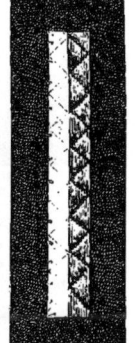

Fig. 72.　　Fig. 73.

geklebt und mit Saumstichen festgenäht wurde. Man beginnt die Arbeit unten an der linken Seite, indem man zwei Goldfäden, welche auf eine Bretsche gespult sind, zunächst, wie beim Sprengen, knapp am Rande der Leiste befestigt, und sie sodann horizontal über die Schmalseite derselben legt. — Um das einfache Muster, welches mit Bleistift auf die Leinwand zu zeichnen ist, auszuführen, näht man die Goldfäden an den Stellen, wo sie die Zeichnung schneiden, mit einem Stiche aus feinster, gelber Seide nieder. Am entgegengesetzten Rande angelangt, befestigt man dieselben mit einem Stiche aus starker gelber Seide, kehrt wie beim Sprengen um, führt die zweite Lage in der gleichen Weise aus und so fort, bis die ganze Leiste von unten nach oben mit Gold überlegt ist. Hierauf zieht man die Goldfäden hinunter.

Die Leiste Fig. 73 wird in Allem wie die vorhin beschriebene, jedoch mit verticaler Fadenlage gearbeitet.

Die Ausführung von Fig. 74 bedarf, um eine schöne, an die Ciselirarbeit erinnernde Wirkung hervorzubringen, einer sehr sorgfältigen und correcten Behandlung. Die Schildform, sowie das in derselben befindliche Muster werden mit Bleistift auf cachirte und gelb gefärbte Leinwand gezeichnet: die Schildform wird sodann sorgfältig ausgeschnitten, und mittelst kleiner Saumstiche auf den Stoff genäht — nicht aber aufgeklebt. Soll die Zeichnung besonders plastisch hervorgehoben sein, so ist ein der Grösse und Form des Schildes entsprechendes Stückchen Sammt unter die Leinwand auf den Grundstoff zu appliciren. Ist dies geschehen, so beginnt man die Arbeit an der linken Seite mit einem einfachen, mittelfeinen Goldfaden, indem man denselben in senkrechter Richtung über die Schildform hin und zurücklegt. Beim jedesmaligen Umkehren am Rande des Schildes wird der Faden mit starker gelber Seide befestigt. Jede neue Fadenlage hat sich dicht an die vorhergehende anzuschliessen. An den Stellen, wo der Goldfaden die Zeichnung schneidet, wird er mit einem Stiche feinster, broncefarbener Seide niedergeheftet; die Richtung der Stiche soll dabei genau den Linien der Zeichnung folgen, damit diese weich geschwungen zum Ausdruck gelange.

Wenn die Fläche ganz belegt ist, umrandet man den Schild mit einer broncefarbenen Seidenschnur und umgibt diese nach aussen hin

Fig. 74.

mit einer Goldschnur. Fig. 75 stellt den fertigen Schild dar.

Das einfache Bandornament, welches Fig. 76 veranschaulicht, wirkt effectvoll als Bordure bei mannigfachen Gegenständen. Zur Ausführung dieser Vorlage, welche bei glatten Geweben direct auf den Grundstoff gearbeitet wird, spult man einen Doppelfaden feinen Matt-Brillantines auf eine Bretsche und einen Doppelfaden glatten Goldes auf eine zweite Bretsche. Man beginnt nun linkerhand damit, dass man dem Contour des Bandes folgend, eine Reihe Matt-Brillantine anlegt; wo das Band sich umschlägt, schneidet man die Fäden ab, und zieht die Enden mit einer Schlinge durch den Stoff hinunter. Die zweite Reihe wird in derselben

Fig. 75.

Art hergestellt, und so fort, bis der betreffende Theil des Bandes in seiner ganzen Breite bedeckt ist. Hierauf arbeitet man den anstossenden Theil (den umgeschlagenen), in gleicher Weise mit glatten Goldfäden, um den folgenden wieder mit Matt-Brillantine zu beginnen. Dieser Vorgang wiederholt

sich so oft, bis die gewünschte Länge des Bandes erreicht ist. Dann wird es schliesslich an beiden Seiten mit einem Goldschnürchen umrandet, doch ist wohl zu beachten, dass auch hier die umgeschlagenen Stellen durch richtiges Legen des Schnürchens markirt werden.

Um das Füllmuster Fig. 77, welches bei grösseren decorativen Stickereien mit guter Wirkung angewendet werden könnte, correct auszuführen, muss sich der Stickende sehr genau an die vorgezogenen Linien der Zeichnung halten. Das Muster wird unmittelbar auf den Grundstoff in bestimmter Abwechslung, theils mit Glanz-Brillantine und Schnürchen (zusammen gespult), theils mit glatten Goldfäden hergestellt. Bei jedem Theile des Musters wird oben zu arbeiten begonnen; wenn beispielsweise an der linken Seite, so legt man die Goldfäden dem oberen Contour entlang nach rechts zu ($\smallsmile$) und sticht da, wo die Form durch die nächste getrennt wird, die Fäden hinab (wie bei Fig. 74). Dies wiederholt sich vier- bis fünfmal, bis man in der Mitte der Form angelangt ist; von nun an leitet man die Fäden bis zu der Stelle, wo sie umbiegen, und zwar den bereits angelegten parallel, führt sie aber von der Biegung aus dem linken Contour entsprechend senkrecht hinab ($)$) und bedeckt auf diese Weise den linksseitigen Theil der Form. Nun bleibt noch der rechte Theil, welcher in analoger Weise, jedoch von unten beginnend, gearbeitet wird. ($\langle$)

Wenn sämmtliche Theile des Musters in dieser Weise mit abwechselndem Materiale gestickt sind, umrandet man die Contouren derselben mit brauner Seide im Stielstich.

Die Anordnung des Materiales ist deutlich aus der Vorlage ersichtlich.

Mit Fig. 78 bringen wir eine neue Art des Anlegens von besonders gediegener, plastischer Wirkung. Die Vorarbeiten, wie das Spannen des Stoffes, das Aufziehen desselben u. s. w. werden in der bereits wiederholt beschriebenen Weise ausgeführt. Das Muster wird auf cachirte Leinwand correct ausgezeichnet, letztere mit Kleister auf den Stoff geklebt und an den Rändern mit Saumstichen (aus feiner Seide) niedergeheftet.

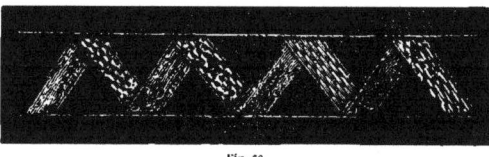

Fig. 76.

Sodann näht man auf die Leinwand feinen weissen Bindfaden (Spagat) den Linien der Zeichnung entlang mit Ueberfangstichen aus dünner Seide fest. Man schneidet denselben, so oft das Muster eine Ecke bildet, schräg ab, um diese recht scharf zu markiren. Sobald das Muster in dieser Art mit Bindfaden belegt ist, überstreicht man das Ganze mit Gummigutta; hierauf werden zwei feine, auf eine Bretsche gespulte Goldfäden dem unteren Rande des Bogens entlang hin- und zurückgelegt, indem man sie zu beiden Seiten jedes Spagatschnürchens, das sie kreuzen, mit feiner, gelber Seide niederheftet. Dieses Verfahren wird so lange fortgesetzt, bis der ganze Bogen mit Gold überlegt ist. Das Muster tritt hier in Folge der Spagatunterlage wie eine getriebene Arbeit hervor.

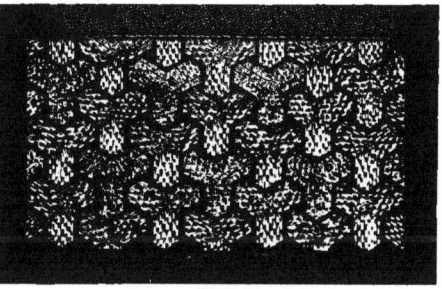

Fig. 77.

Fig. 79 zeigt eine stilisirte Lilie (Wappen-Lilie.) Zur Ausführung dieser Form auf Tuch, Sammt oder Peluche ist es nöthig, dass dieselbe gleichfalls eine Unterlage aus cachirter Leinwand erhalte. Die Blätter der Lilie werden mit glatten Doppelgoldfäden in der bereits erklärten Weise belegt. Man beginnt die Arbeit bei den seitlichen Blattformen damit, dass man die Goldfäden dem inneren Contour derselben entlang legt; die nächstfolgende Lage wird fortlaufend neben der ersten, und zwar dicht an sie

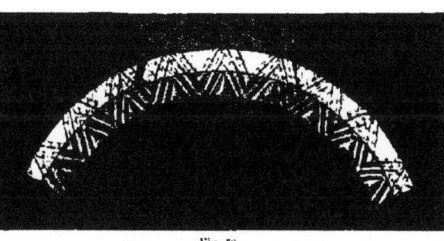

Fig. 78.

anschliessend, gearbeitet. In dieser Weise führt man fort, bis das Blatt vollständig mit Gold bedeckt ist; die Lage der Stiche, mit welchen das Gold niedergeheftet wird, ist in der Abbildung ersichtlich. Bei dem mittleren Blatte wird das Gold dem ganzen äusseren Contour entlang herum gelegt und nach innen zu mit der Arbeit fortgeschritten; die Ueberfangstiche werden hier von beiden Seiten des Randes aus schräg gegeneinander verlaufend angebracht, so dass die Stichreihen in der Mitte zusammentreffen. Sind die Blätter vollendet, so werden sie mit einem starken Brillantinefaden umrandet. — Die Bindung in der Mitte wird mit Matt-Bouillon über dünnen Carton ausgeführt, welcher auf die bereits gestickte Lilie zu legen und mit einigen Stichen zu befestigen ist. Unterhalb der Bindung wird ein sogenannter „Dreher" angebracht, dessen Ausführung bei Fig. 22 erklärt wurde.

Fig. 80 stellt eine Bordure in Anlegearbeit ohne Unterlage dar, vereint mit einem feinen Gittermuster. Man beginnt die Arbeit mit der Herstellung des Stieles und der kleinen Stengel, welche die Blüthen und Früchte tragen, dann führt man die Blättchen aus, und zwar wird zu allen diesen Arbeiten als Material Glanz-Brillantine verwendet. Die Blüthen werden mit gelegtem Goldfrisé umrandet, die kleinen Ranken ebenfalls mit Goldfrisé ausgeführt. Sodann versieht man die drei Blätter der Blüthen mit einem Gitter von gekreuzten Goldfäden, welche bei der Kreuzung mit je einem Stiche aus Goldfäden niedergehalten werden. In den mittleren (aufgesprungenen) Theil der Früchte kommen in gleichen Zwischenräumen vertical gespannte Fäden Matt-Bouillon; die seitlichen Theile werden dagegen genau so mit einem Gitter versehen wie die Blüthen.

Der obere Theil der Früchte ist mit drei kleinen Blättchen bekrönt, welche mit Glanz-Brillantine umrandet, und mit kleinen Stückchen Matt-Kraus-Bouillon gefüllt sind.

Mit Fig. 81 bringen wir eine Bandschleife mit Rosette. Um die Schleife herzustellen, umrandet man vorerst die Contouren des Bandes mit einem etwas stärkeren Goldschnürchen, wobei genauestens auf die Zeichnung zu achten ist, indem man, so oft das Band sich wendet, der Wendung desselben mit der Einfassung folgen muss; wenn letztere durch das Umwenden an einer Stelle ganz verschwindet, so ist der betreffende Einfass-Goldfaden hinabzustechen. Jene Theile des Bandes, welche die obere Seite darstellen, werden mit feinsten Gold-Tramaschnürchen angelegt, die anderen Theile jedoch (die Kehrseite), mit Matt-Brillantine. Da das Band in Bewegung

Fig. 79.

eignet. Die Vorrichtung des Korkes zu diesem Behufe geschieht in derselben Weise, wie die des Cartons: doch muss der Rand der Formen mit einer kleinen Feile schön abgerundet werden. Wenn die Monogrammform aufgeklebt ist, überstickt man sie mit einem Faden starker gelber Nähseide.

Der oben liegende Buchstabe „T" wird zuerst gearbeitet. Man verwendet hiezu einen Faden Brillantine und ein ganz feines Goldschnürchen, welche zusammen auf die Bretsche gespult werden, und beginnt in der auf der Abbildung ersichtlichen Weise, indem man die Goldfäden zunächst in der linken, unteren Schweifung des „T" festnäht. Hierauf legt man die Fäden genau der Form entlang, sie in regelmässigen Zwischenräumen mit einem Stiche gelber Seide niederheftend. Es empfiehlt sich bei langen Formen, wie der vorliegenden, die erste Lage

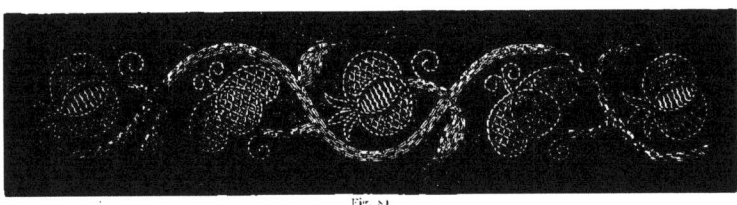

Fig. 82.

gezeichnet ist, sich daher öfter umschlägt, so ergibt sich, wenn dies bei der Ausführung berücksichtigt wird, eine sehr gefällige Wirkung.

Die Rosette in der Mitte ist mit einem Faden Matt-Gold-Brillantine umrandet, und von der Mitte aus bis zum Rande mit strahlenförmigen Stichen aus feinstem Goldfrisé verziert; die unten liegenden drei Blättchen werden mit einem Faden Matt-Gold-Bouillon contourirt und mit Glanz-Kraus-Bouillon gefüllt.

Fig. 82 und 83 zeigt ein Monogramm (T-I), welches über eine Unterlage von Kork gearbeitet ist, und sich seiner plastischen Wirkung wegen vorzüglich zu decorativen Zwecken

in die Mitte der Form zu geben, und von dort aus beide Seiten nach auswärts hin zu arbeiten. Die Stiche der zweiten Lage müssen genau in die Mitte zwischen je zwei Stiche der ersten Lage gesetzt werden und so fort.

Die Oeffnung im „T" wird mit feinster, rother Chenille in Flachstich gestickt. Die ober- und unterhalb des „T" hervorstehenden Theile des Buchstaben „I" werden mit glattem Goldfaden ausgeführt, welcher als Doppelfaden in eine Nadel zu fassen ist. Bei derartigen geschwungenen Formen wird die erste Lage genau dem Rande entlang gelegt. Im vorliegenden Falle beginnt man links unten

Fig. 81.

an der Stelle, wo das „I" durch den Buchstaben „T" geschnitten wird; an der gegenüber liegenden Stelle angelangt, wird das Gold hinabgestochen, und die zweite Lage in der gleichen Weise, wie die eben vollendete, begonnen, und innerhalb dieser, parallel laufend und dicht angeschlossen, gearbeitet. Dieses Verfahren wird so lange fortgesetzt, bis der betreffende Buchstabentheil vollständig mit Gold überdeckt ist. Die Stiche (aus Seide) der ersten Lage werden in den gleichen Zwischenräumen, wie

selben mit einem Stiche aus feinster, gelber Seide niederheftet. Bei jeder neuen Lage der zwei Goldfäden werden die Stiche etwas weiter vorgesetzt; auf diese Art entsteht ein schräg laufendes Streifenmuster; wenn dieses hergestellt ist, beginnt man den oberen Theil von der Spitze der äussersten, linken Blattform aus und legt dazu die Goldfäden (Glanz-Brillantine und Goldschnürchen) dem Rande der Blattformen entlang, indem man sie in gleichen Zwischenräumen niederheftet. An der dem Beginne gegenüberliegenden

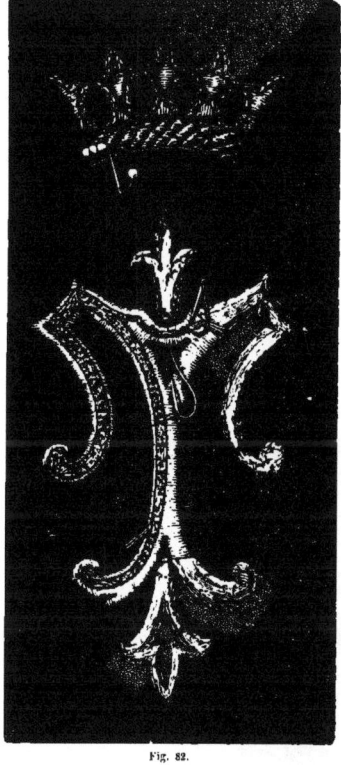

Fig. 82.

Fig. 83.

beim Buchstaben „T" angebracht, und in den folgenden Lagen ebenfalls, wie oben angegeben, versetzt. Es darf nicht übersehen werden, dass sich der untenliegende Buchstabe „I" dicht an den oben befindlichen anzulegen hat. Die Füllung im „I" wird ebenfalls mit rother Chenille ausgeführt.

Die unter Fig. 82 und 83 dargestellte Krone ist in folgender Weise auszuführen: Man näht den aus Kork hergestellten Bügel der Krone mit einigen Stichen an und überlegt denselben in horizontaler Richtung mit Goldfäden, indem man je zwei der-

Stelle wird umgekehrt und die zweite Lage, der ersten dicht anschliessend, mit versetzten Stichen gearbeitet. Dieser Vorgang wiederholt sich so oft, bis man beim glatten Golde des Bügels angelangt ist, wo dann die übrig bleibenden leeren Stellen, jede für sich, in der gleichen Weise belegt werden, bis sie sämmtlich ausgefüllt sind. Hierauf wird der untere Theil der Krone, welcher mit glattem Golde belegt wurde, an der Stelle, wo das letztere beginnt, sowie an dem unteren Rande mit je einem Stück Goldgürtel begrenzt; dieses ist anzunähen, ohne vorher ausgezogen zu werden. Sodann reiht man kleine Wachsperlen auf einen Seidenfaden und heftet sie mit feinster Seide der Mitte des Bügels entlang auf. Bei der Abbildung der fertig gestickten Krone ist deutlich zu ersehen, an welcher Stelle die Perlen anzubringen sind. In die Mitte jeder Blattform wird eine Perle aufgesetzt und mit Matt-Bouillon eingefasst.

Im weiteren Verlaufe unseres Lehrcursus bringen wir mit Fig. 84 ein Monogramm (M-I) in Anlegearbeit auf einem verzierten Schild aus rothem Seidenstoff.

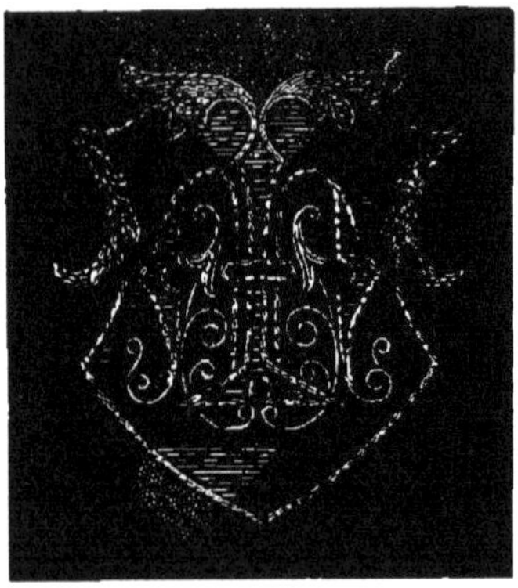

Um diese Arbeit auszuführen, wird der Schild in der bereits wiederholt erklärten Weise vorgerichtet, applicirt und mit der Zeichnung versehen. Hierauf umgibt man den Contour des Schildes, sowie jenen des Monogrammes mit einem Doppelfaden Matt-Brillantine; die breiten Stellen des Innenraumes beim „M" sind mit einem Faden feinsten Goldfrisés zu schraffiren (siehe Abbildung); die zarten Ranken desselben werden mit einem feinen Goldschnürchen ausgeführt und an den Stellen, wo sie sich zu einer breiteren Form gestalten, mit einem zu legenden Faden Matt-Brillantine ausgefüllt. Die seitwärts das Schild begrenzenden Blattformen werden mit einem Doppelfaden Matt-Brillantine contourirt, und mit Glanz-Brillantine ausgelegt; die oben befindlichen Blattornamente sind in Anlegearbeit mit feinen Goldschnürchen auszuführen.

Die Abbildung Fig. 85 stellt einen mit goldenem Blattwerk verzierten Buchstaben „E" dar, dessen Grundform mit dunkelrothem Moiré bekleidet ist. Diese effectvolle Arbeit ist sehr einfach herzustellen und eignet sich zu vielfacher Verwendung.

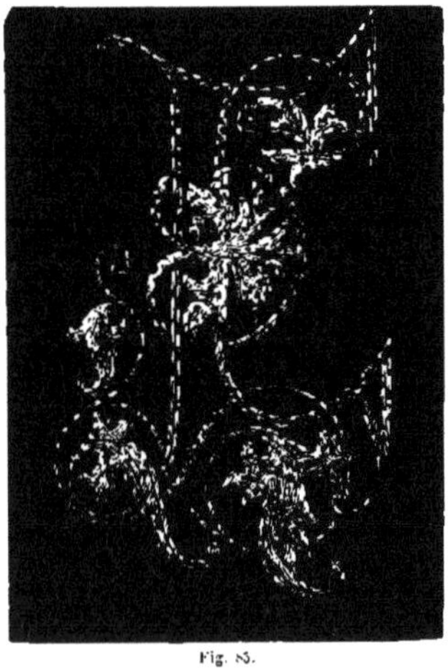

Bei der Ausführung ist vorerst die Applicirung der Grundform wie bei Fig. 62 vorzunehmen. Erst wenn der Kleister vollständig getrocknet ist, kann man die Anlegearbeit beginnen.

Fig. 84.

Fig. 85.

Vorerst belegt man die Grundform des Buchstaben, welche als Umrandung der Application erscheint, mit zwei Reihen Doppelfäden Matt-Brillantine; selbstverständlich reduciren sich letztere bei zarten Stellen (Ausläufer etc.) zu einer Reihe. Sodann werden sämmtliche Blätter und Ranken, welche den Buchstaben umschlingen, in Anlegearbeit mit Glanz-Brillantine ausgeführt. Die Blätter sind von aussen nach innen zu arbeiten, das heisst, man belegt zuerst den Contour des Blattes, und setzt die Arbeit reihenweise nach innen zu fort, bis der ganze Innenraum bedeckt ist. Die Abbildung veranschaulicht deutlich die Stichlage.

Im Vorstehenden haben wir an einer grösseren Anzahl von Mustern die Anlegearbeit in den verschiedenen Arten ihrer Ausführung kennen gelernt. — Es dürfte nun an der Zeit sein, auch einige grössere complicirtere Vorlagen zu bringen.

Wir beginnen mit einer decorativen Stickerei in japanischem Styl (Bouquet mit Schmetterlingen) auf Satin merveilleux, mit gelegten Goldfäden und Seide in verschiedenen Farben ausgeführt. Diese für ein Sachet bestimmte Arbeit ist von besonders schöner Wirkung, ohne dass die Ausführung bedeutende Schwierigkeiten verursachen würde; nur ist die grösste Genauigkeit im Einhalten der Zeichnung zu beachten.

Als Material ist fraisefarbiger Satin, dann Spitzenseide in Grün, Rosa, Dunkelroth, Braun, Hellblau und Violett, sowie feinste Trama-Goldschnürchen, glatter Goldfaden, Frisé und Brillantine verwendet. Zeichnung sowohl, als Stickerei werden direct auf den Stoff aufgetragen.

Zu Beginn der Ausführung des Bouquets werden sämmtliche Blätter mit feinsten Trama-Goldschnürchen in der Weise überdeckt, dass man zuerst die Umrandung des Blattes mit einem Doppelfaden belegt, welcher mittelst grüner Spitzenseide in gleichmässigen Zwischenräumen niedergeheftet wird; hierauf setzt man die Arbeit in gleicher Weise nach innen zu fort, stets an die vorhergehende Lage dicht anschliessend, bis das Blatt gefüllt ist. (Siehe Fig. 87.)

Die Stiche werden bei jeder neuen Lage versetzt. Die Blumen arbeitet man in derselben Art, doch werden hier glatte Goldfäden verwendet und mit rosa Seide niedergeheftet. Das Mittelstück jeder

Fig. 86 lässt deutlich erkennen, welche Stichlage einzuhalten, und an welchen Stellen mit dem Legen der Goldfäden zu beginnen ist. Die Pünktchen auf den Flügeln sind mit blauer, beziehungsweise violetter Spitzenseide hoch gestickt. Die Augen der Schmetterlinge bestehen aus einem Ringelchen von Silber-Glanz-Kraus-Bouillon, mit Matt-Gold-Bouillon umrandet. Die Fühler sind aus gelegten Goldschnürchen hergestellt.

Fig. 86.

Blume ist mit Glanz-Brillantine und dunkelrother Seide auszuführen; es wird ebenfalls an dem Aussenrande begonnen. Die Stiele sind mit Frisé und brauner Seide gearbeitet, die beiden Schmetterlinge (Fig. 88) mit glatten Goldfäden. Bei dem oberen wird das Gold mit hellblauer Seide in drei Schattirungen, bei dem unteren mit licht- und dunkelvioletter Seide niedergeheftet. — Zum Körper und zu den rückwärtigen Flügeln ist Frisé und braune Seide verwendet.

Wenn die Arbeit vollendet ist, bestreicht man die Kehrseite der Stickerei leicht in mit Wasser aufgelöstem Tragant, um die Fadenenden an den Stoff zu kleben. Erst wenn das Klebemittel vollständig getrocknet ist, darf der Stoff aus dem Rahmen genommen werden. Dieses Verfahren, welches das sogenannte Aufgehen der Stickerei verhindert, empfiehlt sich bei allen grösseren Arbeiten.

Bei der vorzüglichen Eignung der Anlegearbeit zur Decorirung von Kirchenparamenten, wollen wir es nicht versäumen, auch eine in diese Richtung einschlagende Vorlage zu bringen. -- Fig. 89 stellt eine in dieser Technik ausgeführte Bursa dar.

Als Material wählt man crèmefarbigen Atlas, ferner glattes Gold, Goldfrisé, Brillantine, Gold-Kraus - Bouillon, Matt-Bouillon und etwas Lahn (flacher Goldfaden), sowie Wachsperlen verschiedener Grösse. Das die Mitte ausfüllende Kreuz wird aus Kork geschnitten. Der Atlas wird stramm in den Rahmen gespannt und mit Batist unterfüttert.

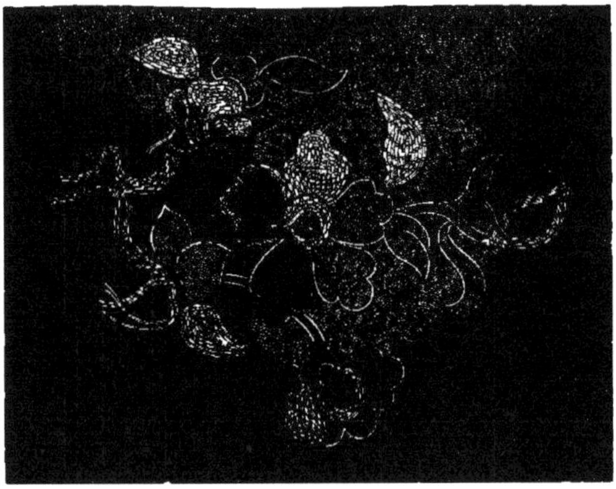

Hierauf trägt man die Zeichnung auf, zeichnet sie mit Bleistift fein aus, und klebt die Kreuzform

Fig. 87.

mit Kleister fest. Wenn dies geschehen ist, wird das Kreuz mit starker gelber Seide überstickt, und dann von dem am oberen Arm-Ende befindlichen, zur Aufnahme einer Perle bestimmten Lückchen ein Faden Goldlahn bis zum Mittelpunkte und von da wieder bis zu dem Lückchen im linken Arm-Ende gelegt. Dasselbe, nur in umgekehrter Weise, geschieht an den beiden anderen Kreuz-Armen.

Hierauf befestigt man einen auf die Bretsche gespalten Doppelfaden feinen Goldfrisés in dem Lückchen des oberen Arm - Endes links neben dem Lahnfaden, legt ihn diesem letzteren entlang bis zur Mitte des Kreuzes und von da bis zu dem Lückchen im linken

Fig. 88.

Arm-Ende; in dieses wird er hinabgezogen, umgewendet und sodann an die erste Lage anschliessend wieder zurückgelegt. Dies Verfahren wird so lange fortgesetzt, bis sich für die nebeneinander liegenden Friséfäden kein Raum mehr in den Lückchen findet (Fig. 90.) Die Befestigung des Frisés geschieht mit versetzten Stichen aus feinster gelber Seide. In der beschriebenen Weise wird zu beiden Seiten eines jeden Lahnfadens je ein schmaler Streifen Frisé gelegt. Ist der letzte dieser Streifen fertiggestellt, so zieht man den Goldfaden durch das Lückchen, bei welchem man zuletzt angelangt ist, hinunter, und schneidet ihn ab. Dann befestigt man denselben am Aussenrande der Kreuzform in einer der von den Armen gebildeten Ecken und legt ihn zunächst dem Contour entlang um das ganze Kreuz herum; innerhalb der ersten Lage wird nun eine zweite enganschliessend ausgeführt, und so fortgefahren, bis diese vom Aussenrande aus begonnenen Frisélagen mit den früher längs der Lahnfäden hergestellten Streifen zusammentreffen. Die kleinen Flächen in den Verzierungen der Arm-Enden, welche dann allenfalls noch vom Golde freigeblieben sind, werden jede für sich ausgelegt. Ist diese Arbeit fertiggestellt, so näht man in die Lückchen der Arm-Enden je eine Perle. Abbildung Fig. 91 bringt das vollends ausgeführte Kreuz.

Die Abbildung Fig. 92 stellt eine Ecke der Bursa dar. Die Voluten sind theils mit glatten Goldfäden, theils mit Goldfrisé in der bereits bei Fig. 77 beschriebenen Weise belegt, und mit starkem Brillantine eingefasst. Die Abbildung zeigt deutlich, welcher Theil der Voluten mit Frisé und welcher mit Goldfäden auszuführen ist.

Wenn diese Partie der Ecke fertig gearbeitet ist, legt man sämmtliche Contouren mit Brillantine aus und füllt die untere Verzierung vollständig mit geringeltem Gold-Glanz-Kraus-Bouillon. Die oberen blattartigen Formen erhalten innerhalb des Contours

Fig. 89.

Fig. 90.

Fig. 91.

Fig. 92.

einen Rand von gelegtem Glanz-Kraus-Bouillon. In die Mitte werden weisse Wachsperlen in entsprechender Grösse aufgesetzt. Die Kapsel, welche die Blätter verbindet, wird mit geringeltem Matt-Kraus-Bouillon gefüllt und in der Mitte mit einer Perle verziert. Unterhalb der Kapsel

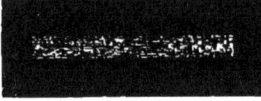

Fig. 93.

befindet sich ein kleiner Bogen aus Matt-Bouillon. Die Bänder, welche die Verbindung zwischen den einzelnen Ecken herstellen, bestehen aus gelegtem Goldfrisé, durch welches sich in der Mitte ein Faden Lahn zieht.

Siehe Fig. 93.

Eine ganz besondere Art der Anlegearbeit bildet die sogenannte „Schnurtechnik", für die wir, um der Vollständigkeit nach jeder Richtung hin Unsere Vorlage Fig. 94 stellt ein Sophakissen aus bordeaurothem Sammt dar, dessen Oberfläche mit einer reichen Goldstickerei in Schnurtechnik bedeckt

Fig. 94.

Rechnung zu tragen, gleichfalls einige Vorlagen bringen. Obwohl diese Arbeitsart sehr einfach und leicht zu erlernen ist, ist sie dennoch von reicher, schöner Wirkung, insbesondere, wenn sie mit äusserster Correctheit gearbeitet erscheint. Wie bereits der Name der Technik besagt, dienen als Material für dieselbe mehr oder weniger starke Goldschnüre. Beim Aufnähen derselben ist folgender Vorgang zu beachten: Vor Ausführung jedes Stiches wird die Goldschnur etwas aufgedreht, hierauf der Stich gemacht, und die Schnur wieder zugedreht, so dass der erstere in die Drehung zu liegen kömmt und somit unsichtbar wird.

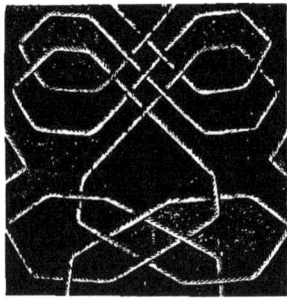

Fig. 95.

ist. Zu Beginn der Arbeit wird die Zeichnung auf den Sammt aufgetragen und mit dem Pinsel in weisser Farbe ausgezogen. Hierauf werden die ziemlich starken Goldschnüre strenge dem Contour folgend in oben besagter Weise aufgenäht. Hiebei hat man besonders zu beachten, dass die Verschlingung genau ausgeführt wird, das heisst, die Schnur muss an den Kreuzungsstellen stets einmal unten und einmal oben zu liegen kommen. Da sich dies jedoch bei fortlaufendem Benähen nicht immer von selbst ergibt, so muss die Schnur an einzelnen Stellen unter die schon aufgenähten Theile durchgezogen werden. Hiezu hat man die Kreuzungsstellen stets offen zu halten, und erst wenn die Kreuzung ausgeführt ist, zu befestigen. Fig. 95 zeigt die Art der Verschlingung. (Der Stern in der Mitte des Kissens wird über eine starke Cartonunterlage in Sprengarbeit ausgeführt). Wenn die Stickerei vollendet ist, wird sie in der bei Fig. 86 am Schlusse erklärten Weise tragantirt, und erst, wenn getrocknet, aus dem Rahmen genommen.

Eine andere Art Schnurstickerei finden wir in der Abbildung Fig. 96, welche eine Falkentasche — als Wanddecoration zu benützen — darstellt. (Entnommen der k. k. Waffensammlung). Die Tasche ist aus altblauem, schwerem Atlas hergestellt, mit gleichfarbiger, dünner Seide gefüttert und in dichten Falten an einem Nestelring aus geschwärztem, mit vergoldeten Ornamenten geziertem Metall befestigt. Sie hat, an der Rückseite gemessen, von der untersten Kante bis zum oberen Rande des Ringes eine Ausdehnung von 36 Centimeter, misst aber an der Vorderseite bloss 19 Centimeter, da sie dort nur bis zum unteren Rande des Nestelringes hin reicht. An dem Nestelrande wird innen ein in der Mitte zusammengezogener, mit der Tasche übereinstimmend gestickter Atlasstreifen befestigt, auf den wir unten zurückkommen. Die Vorderseite ist mit Stickerei verziert, die in überaus einfacher und geschmackvoller Weise auf folgende Art ausgeführt wird: Ein 55 Centimeter breites und 58 Centimeter langes Stück von altblauem Atlas wird in den Rahmen gespannt, mit Mousseline unterfüttert und die Zeichnung darauf so oft übertragen, bis sie die ganze Länge des Stoffes und 25 Centimeter von dessen Breite füllt. Dann werden alle Formen mit feinen Silberschnürchen, welche mittelst kleiner, unsichtbarer Stiche niederzuheften sind, umrandet. Einzelne Formen zeigen Füllungen von quergelegten, parallel laufenden Silberfäden, andere Adern, in gleichem Material ausgeführt. Die festen Kornpunkte in der

Fig. 96.

Stickerei werden mit Baumwolle unterlegt und mit dünnem Silber-Glanz-Bouillon überstickt. (Siehe Abbildung Fig. 97). Die Punkte, mit welchen einzelne Figuren verziert sind, bestehen aus einem Stückchen Silber-Glanz-Kraus-Bouillon, das mit einem Matt-Bouillonringelchen, ebenfalls aus Silber, umrandet ist. In gleicher Weise wird auch der 11 Centimeter breite und ungefähr 66 Centimeter lange Streifen Atlas überstickt, welcher den Beutel innerhalb des Ringes bildet. Ist die Stickerei vollendet, so wird der Atlas vom Rahmen genommen, auf gleichfarbiges Seidenfutter geheftet und derart umgeschlagen, dass die Stickerei oben, der unbestickte Atlas unten zu liegen kommt, wobei ein Streifen der Stickerei nach unten mit umgebogen wird. Hierauf fügt man die Tasche an der Seite mit einer schmalen Einnaht zusammen und besetzt die Naht mit einem schmalen, aus blauer Seide und Silberfaden gewebten Bärdchen. Man rundet dann die Rückwand der Tasche oben dem Ringe nach ab und befestigt sie so faltenreich, wie es die Weite des Ringes bedingt, an dem letzteren. — Der für diesen Beutel bestimmte gestickte Streifen wird ebenfalls mit blauem Seidenstoff unterfüttert, an den Ring befestigt, am Rande, welcher zum Zusammenziehen bestimmt ist, mit gewebten Bändchen besetzt, und an der Schmalseite zusammengenäht. Der Beutel wird am inneren Rande mit kleinen, von blauer Seide übersponnenen Messingringen versehen; mittelst eines durch diese Ringe laufenden Schnürchens wird der Verschluss der Tasche hergestellt. Führt man die Tasche kleiner aus, so kann dieselbe als sehr zweckmässiger Arbeitsbehälter dienen.

In den Vorlagen Fig. 98, 99, 100 und 101 geben wir die Anleitung zu einer Schnurarbeit, „Griechische Schnurtechnik" genannt, welche durch die Art und Weise, wie die Schnüre ohne Unterbrechung von einer Form zur nächsten hinüberführen, sehr interessant erscheint. Unser Muster ist überdies noch mit etwas Application vereint, und zur Decorirung eines Pompadour-Täschchens verwendet.

liegenden mit dunkelblauem, die zu unterst in der Mitte befindlichen mit lichtgrünem und die zu deren beiden Seiten stehenden mit türkischrothem Tuch zu

Fig. 97.

Als Grundstoff ist dunkelvioletter Sammt gewählt, als Arbeitsmaterial verwendet man mittelstarke Goldschnüre und feines Tuch in türkischrother, dunkelblauer und lichtgrüner Farbe.

Zur Ausführung wird der Sammt in einen Rahmen gespannt, resp. auf Leinwand aufgezogen, die Zeichnung mittelst Pause aufgetragen und mit weisser Farbe (fleur de neige) mit dem Pinsel fein ausgezogen. Hierauf werden die Füllungen der Palmetten mit Tuch belegt, und zwar erhält jede derselben eine doppelte Lage Tuch, welches in Formen von zweierlei Grössen ausgeschnitten wird; einmal genau in der Grösse des Innenraumes der Palmetten, und ein zweites Mal um die Hälfte grösser.

Wenn sämmtliche Formen derart vorbereitet sind, so näht man zuerst die kleineren am Rande mit Saumstichen an, und legt dann erst die grösseren darauf und befestigt sie in

Fig. 98.

derselben Weise. (Fig. 98). Die oberen zwei Palmetten sind mit türkischrothem Tuch, die beiden unter diesen

Fig. 100.

Fig. 99.

versehen. Sodann beginnt man mit dem Aufnähen der Goldschnüre. Der Vorgang hiebei ist sehr sinnreich, indem sich ganz systematisch eine Form aus der anderen entwickelt. Die Anlegearbeit der Schnüre ist bei der unter der Palmette befindlichen Kreisform zu beginnen, und zwar in der Mitte derselben, woselbst man die Schnur durch Hinabziehen mit einer Schlinge befestigt, und sie von da aus in dichten Reihen nach aussen zu fortlaufend annäht, bis der Kreis die richtige Grösse erreicht hat; sodann macht man aus der doppelt genommenen Schnur eine Schlinge, aus welcher ein sogenanter „Dreher" (siehe Fig. 22) zu formen ist, welcher mit Seide auf der für ihn bestimmten Stelle festgenäht wird; hierauf führt man die Schnur nach oben, der Palmette, zu. (Fig. 99.) — Bei den Palmetten beginnt man die Anlegearbeit der Schnüre an dem äusseren Contour und fügt die Goldschnüre dicht nebeneinander, bis die erforderliche Breite, etwa fünf Reihen, erreicht ist; bei der fünften

Reihe formt man eben wiederum einen „Dreher" und legt denselben einige Linien über die Spitze der Palmette hinauf, führt nachdem die Schnur zurück, verziert den mit Tuch bedeckten Innenraum mit einer Schlinge, und leitet die Schnur von da aus wieder hinauf zur nächsten Kreisform, welche in der gleichen Weise wie unten gearbeitet wird, und aus welcher man die Schnur bei der rechtsseitigen Hälfte nach oben zu den auslaufenden Ranken führt, um von da aus zur Ausführung der linken Seite in der gleichen Weise zu schreiten. Sämmtliche Palmetten werden in dieser Art mit einer fortlaufenden Schnur ohne Unterbrechung gearbeitet, und erst wenn diese vollendet sind, werden die Randverzierungen ausgeführt. (Siehe Fig. 100). Die Anordnung des Ganzen ist aus den Abbildungen Fig. 98 bis 100 deutlich zu ersehen.

Wenn die Stickarbeit beendet ist, umrandet man dieselbe mit Goldsoutache, welche mit Goldschnüren begrenzt wird. Die obenstehenden Zacken werden mit einem einfachen Ornament aus Goldschnüren verziert und am Rande mit kleinen Picots aus demselben Materiale begrenzt.

Fig. 101 veranschaulicht die fertiggestellte und montirte Tasche.

Fig. 101.

Wir wollen diese Abtheilung nicht schliessen, ohne einer chinesischen Goldsorte zu erwähnen, welche sich nur zur Anlegearbeit eignet, und dabei eine besondere Art der Behandlung erfordert. Dieselbe besteht aus einem Faden Baumwolle mit ganz schmalen Streifen Goldpapiers dicht umwunden. Selbstverständlich ist es nicht möglich, dieses Material durch den Stoff hinabzuziehen; es muss daher an den Stellen, wo dies sonst stattfindet, festgenäht und abgeschnitten werden. Das chinesische Gold eignet sich schon seiner Stärke wegen insbesondere zu effectvolleren, weniger feinen Arbeiten.

V. Theil:

Combinirte Arbeiten.

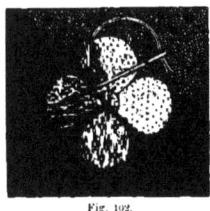

Fig. 102.

Fig. 103.

Im bisherigen Verlaufe des Lehrcursus brachten wir die vier Hauptarten der Goldstickerei in ihren Eigenthümlichkeiten und in ihrer verschiedenen Anwendung. Der fünften Abtheilung bleibt nur mehr die Aufgabe, einige Beispiele zu geben, in welcher Weise die verschiedenen Techniken stilvoll miteinander vereint verwendet werden können. Wir beginnen auch hier mit den einfachsten Combinationen, allmälig zu schwierigeren fortschreitend. Fig. 102 zeigt eine Blume in gelegten Goldfäden, verbunden mit Bouillon-Stickerei. Die Grundform der Blume wird aus cachirter und gelb gefärbter, feiner Leinwand hergestellt und auf den Stoff applicirt. Sodann zeichnet man das kleine Pleinmuster auf die Leinwand, fasst einen Goldfaden in die Nadel und überlegt mit demselben in parallelen Längsstichen je ein ganzes Blumenblatt, indem man ihn stets am äusseren Rande des Blattes herauf und an der Grenze des anstossenden Blätterpaares wieder hinunterstich. Bei jedem Punkte des Pleinmusters wird während des Legens der Goldfäden ein Stich mit feinster gelber Nähseide über je zwei dieser Goldfäden gemacht. Es ist dabei besonders zu beachten, dass die Goldfäden dicht nebeneinander zu liegen kommen. Auf die in solcher Weise vollendeten Blätter legt man den in Fig. 103 ersicht-

lichen äusseren Rand und den Mittelpunkt, aus sehr dünnem Carton geschnitten auf und befestigt diesen mit einigen Seidenstichen. Sodann überzieht man den Carton mit feinstem Matt-Gold-Bouillon.

Fig. 104 zeigt die fertig ausgeführte Blume. Fig. 105 veranschaulicht ein stilisirtes Blumenornament, gleichfalls in Bouillon- und Anlegearbeit. – Zur Ausführung dieses einfachen Ornamentes trägt man die Zeichnung auf den Grundstoff auf, insofern dieser aus glattem Material besteht; sollte jedoch die Stickerei auf Sammt oder Peluche kommen, so müssten diejenigen Theile, welche aus Anlegearbeit bestehen, mit einer Unterlage von cachirtem Shirting versehen werden. Wenn schon die eventuelle Unterlage aufgeklebt und angenäht ist, führt man die oberen Blätter mit einem Doppelfaden feinster Trama-Goldschnürchen aus, die unteren jedoch mit je einem

Fig. 104.

Faden feinsten Goldfrisés und einem Faden feinsten Matt-Brillantines, welche zusammen auf eine Bretsche gespult werden; die Ausführung geschieht in der Weise, dass man bei dem Contour beginnt, und die Fäden nach innen zu reihenweise anlegt, bis der

Fig. 105.

ganze Innenraum vollständig bedeckt ist. Wenn sämmtliche Blätter derart hergestellt sind, schreitet man zur Ausführung der Blume, wobei vorerst der

Contour derselben mit starkem Goldfrisé zu umranden ist. Der Innenraum derselben wird mit einem Gitter aus gekreuzten Goldfrisé-Fäden verziert, die in horizontaler und verticaler Richtung in gleichmässigen Zwischenräumen gelegt, und an der Stelle, wo sie sich schneiden, mit einem Kreuzchen aus Goldfäden

Gummi auf den Grundstoff geklebt werden. Die Ausführung wird mit dem Sprengen begonnen. Zu den unteren Voluten ist feines, glattes Goldgespinnst zu verwenden; die grössere Fruchtform wird mit Goldfrisé, die kleinere dagegen mit Matt-Gold-Brillantine, der darin befindliche Kern jedoch mit glattem Gold-

Fig. 106.

überstickt werden. Die Formen, welche die Staubgefässe und den Stiel der Blume markiren, werden mit Matt-Bouillon ausgeführt, ebenso die von der Mitte auslaufenden Ranken, bei welchen man den Hinterstich anwendet. Die Beeren sind aus Goldfolie herzustellen und mit Matt-Bouillon zu umranden.

faden gesprengt. Die Stichlage ist aus der Abbildung genau zu ersehen.

Sämmtliche Sprengarbeiten sind mit zwei Fäden auszuführen, ausgenommen die Kapsel der kleineren Form, welche mit nur einem Faden Matt-Brillantine zu sprengen ist. Der Stiel der letzteren wird mit

Fig. 107.

Zur Ausführung der Bordure Fig. 106 in Sprengtechnik und Bouillon-Stickerei müssen diejenigen Formen, welche zur Sprengarbeit bestimmt sind, aus starkem Carton, jene aber, die der Bouillon-Stickerei als Unterlage zu dienen haben, aus dünnem Carton geschnitten, und in der bekannten Weise mittelst

Glanz-Gold-Bouillon, die ihn durchschneidenden Verbindungsstäbe mit Matt-Kraus-Bouillon hergestellt; bei der grösseren Form sind die kleinen Voluten mit Matt-Bouillon auszuführen, während deren Blätteraufsatz mit Matt-Bouillon contourirt und mit Glanz-Kraus-Bouillon gefüllt wird. Die grösseren und kleineren Kreise bestehen aus Goldfolien mit einer Umrandung aus Matt-Bouillon.

Fig. 107 zeigt eine stilisirte Rose in Anlege- und Bouillonarbeit, zu deren Ausführung sämmtliche Formen aus cachirtem, und gelb gefärbtem Shirting hergestellt und auf den Grundstoff applicirt werden. Die einfachen Linien werden auf letzteren gezeichnet, oder — je nach der Art des Stoffes — von der Kehrseite aus mit kleinen Stichen aus gelber Seide markirt. Da die Rose etwas plastisch wirken soll, so werden zunächst die vier Blätter derselben nahe der Achse mit gelber Stopfbaumwolle verlaufend unter-

stärkeren Friséfäden zu umranden. Hierauf werden die hoch zu unterlegenden Umschläge der Rosenblätter mit gelber Stopfbaumwolle nach Art der Weissstickerei überstickt, mit feinstem Matt-Gold-Bouillon überzogen und zum Schlusse jedes Blatt mit starkem Frisé contourirt; doch umschliesst dieser Friséfaden nur die Anlegearbeit, nicht aber den in Bouillon-Stickerei ausgeführten Umschlag. Der Mittelpunkt wird aus geringeltem Glanz-Kraus-Bouillon hergestellt. Die Ausführung der übrigen Theile erfolgt direct auf den Grundstoff und ist aus der Abbildung deutlich ersichtlich.

Fig. 108.

stickt. Wenn dies geschehen, bedeckt man die Blätter mit Anlegearbeit aus glatten Goldfäden, welche mit versetzten Stichen aus gelber Spitzenseide niedergeheftet werden; bei jedem Blatte legt man die Goldfäden parallel der Achse. Sind die vier Rosenblätter so weit hergestellt, so führt man die darunter liegenden Kelchblätter aus, indem man sie mit grüner Seide im Flachstich unterstickt, diese Stickerei dann mit schräg gekreuzten, feinen Goldschnürchen überspannt und letztere an den Kreuzungspunkten mit je einem Stiche aus Glanz-Brillantine niederheftet; schliesslich sind die Kelchblättchen mit einem etwas

Auch Fig. 108 bringt eine Combination von Anlegearbeit und Bouillon-Stickerei.

Die Vorbereitungsarbeiten bleiben die schon oft erörterten. Die Anlegearbeit bildet hier den überwiegenden Theil der Ausführung, und ist die Stichlage der einzelnen Partien aus der Abbildung zu ersehen. Die beiden untersten Blumenblätter sind mit glattem Goldfaden gelegt und mit starkem Goldfrisé umrandet; die Rippe wird ausgespart und ebenfalls mit Goldfrisé begrenzt. Bei den mittleren Blättern wird die untere Seite mit Matt-Brillantine angelegt, und nachdem das ganze Blatt und die

Theilung mit einem Doppelfaden feinen Goldfrisés umrandet wurden - der noch freie Theil mit reihenweise aufgenähtem Glanz-Kraus-Bouillon ausgefüllt. Die Abgrenzung der beiden Theile wird überdies noch mit feiner brauner Seide in Stielstich markirt. Die obersten Blätter endlich werden mit einem Faden Glanz-Brillantine und einem feinen Goldschnürchen contourirt, der Innenraum mit feinsten Gold-Tramaschnürchen schräg überspannt, und jede Kreuzungsstelle mit einem Kreuzstich aus demselben Material überstickt. Der Kelch ist in Bouillon-Stickerei (Matt-Bouillon) ausgeführt, wobei die, einen Halbkreis bildende Form mit einer dünnen Cartonunterlage zu versehen ist; das in diesem Halbkreis befindliche Gitter aus glatten Goldfäden wird bei seinen

Man beginnt den Stiel von unten nach aufwärts an der linken Seite, wo derselbe in ein gebogenes Blatt ausläuft, mit Goldschnürchen zu sprengen. Ist diese Partie vollendet, so werden der rechtsseitige untere Theil des Stieles, das nebenanliegende Blatt, das obere Blatt und von diesem angefangen der linke, obenliegende Theil des Stieles aber mit glatten Silberfäden in Sprengarbeit ausgeführt. Die ovale Verbindungsform zwischen dem Stiele und dem Blumenkelche wird ebenfalls mit glattem Golde über eine Cartonunterlage gesprengt, und mit liegenden Ringelchen aus mattem Gold-Bouillon umgeben. Der Blumenkelch selbst erhält eine Unterlage aus Kork und wird mit glatten Silberfäden angelegt; zum Niederheften dieser Fäden bedient man sich, ebenso

Fig. 109.

Kreuzungen mit einem Stückchen Matt-Gold-Bouillon überspannt. Alle übrigen flachen Theile bestehen aus Anlegearbeit: die kleinen Kreise theils aus spiralig, theils aus concentrisch gelegtem Glanz-Brillantine, die oberen blattartigen und gerankten Formen theils aus Matt-Brillantine, theils aus glattem Golde. Der Blattstiel ist mittelst Hinterstichen von Matt-Bouillon hergestellt.

Ein plastisch wirkendes Blumenornament stellt Fig. 109 dar. Dasselbe ist in Gold- und Silberstickerei zum Theile in Anlegearbeit, zum Theile in Sprengtechnik ausgeführt. Die Formen der erhaben gearbeiteten Stiele und der damit verbundenen Blätter sind aus mittelstarkem Carton zu schneiden und durch einen Einschnitt zu theilen.

wie beim Sprengen der in Silber ausgeführten Theile des Stieles und der Blätter, weisser Seide. Die bei der Ausführung des Blumenkelches einzuhaltende Stichlage ist in der Abbildung deutlich ersichtlich. Die vollaufgeblühte Blume ist mit gelegten glatten Gold- und Silberfäden, der Stengel derselben mit feinsten Goldschnürchen ohne Unterlage gearbeitet; die an letzteren befindlichen Blätter werden zum Theile mit glatten Goldfäden, zum Theile in Silber-Brillantine ebenso in Anlegearbeit ausgeführt.

Die Vorlagen Fig. 110—112 dienen zur Erklärung einer Goldstickerei im japanischen Style, welche für den Umschlag eines Albums bestimmt ist. Als Grundstoff verwendet man dunkelgrünen Seidensammt. Die Formen zu den Mitteltheilen der offenen Blüthen

(Fig. 110) und zu den Flügeln des Schmetterlings (Fig. 111) werden aus cachirter Leinwand, die übrigen Formen aber aus mittelfeinem Carton geschnitten. Wenn alle Unterlagen aufgeklebt sind, beginnt man die Blüthen, Blätter, Kelche und Knospen in Sprengarbeit auszuführen, und zwar die ersteren mit mehr oder weniger glänzendem Material (Brillantine und glatten Goldfäden), die Kelche und Knospen aber mit matten Goldsorten (feinen Schnürchen und Frisé). Die Zweige werden mit Matt-Brillantine ebenfalls in Sprengarbeit ausgeführt, und nur die spitzigen Ausläufer der Aestchen mit demselben Material gestochen. Die mittleren Theile der glänzenden Blüthen erhalten eine Füllung von geringeltem Glanz-Kraus-Bouillon, die der matter gehaltenen Blüthen eine solche aus Matt-Kraus-Bouillon. Die Verwendung des jeweiligen Materiales ist auf der Abbildung

Fig. 110.

Fig. 110 ersichtlich. Die Flügel des Schmetterlings sind mit Gold-Brillantine angelegt; die Lage der dicht nebeneinandergefügten, abwechselnd hin- und zurückgeleiteten Fäden richtet sich nach dem äussersten

Bouillon bestehen, das mit feinstem Matt-Gold-Bouillon umrandet wird. In geringer Entfernung von dieser ersten Umrandung setzt man noch einen kleinen Halbkreis von feinstem Gold-Bouillon auf. Der Körper des Schmetterlings ist über eine hohe, auf den Seiten abgerundete Unterlage mit glattem Golde gesprengt und mit rothen, starken Seidenfäden verziert. Die Aeuglein am Kopfe bestehen aus einem kleinen Stückchen Silber-Kraus-Bouillon mit feinstem Matt-Gold-Bouillon umrandet; die goldenen Fühler aus Matt-Bouillon, welcher mit feinsten Seidenfäden niedergeheftet wird.

Nochmals wollen wir hier an das nothwendige Tragantiren der Rückseite der Arbeit erinnern.

Wir haben im Verlaufe des Lehrcurses zur Illustrirung der Anwendung der einzelnen Techniken bei jeder derselben eine grössere Anzahl von Buchstaben und Monogrammen gebracht. Nunmehr soll die Erklärung einiger Kronen folgen, die zu einzelnen der obigen Monogramme gehören. Es geschieht dies erst an dieser Stelle, weil sich Kronen in den seltensten Fällen in nur einer

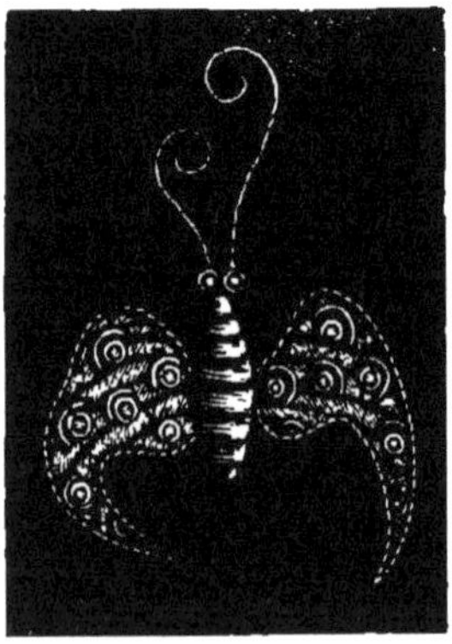

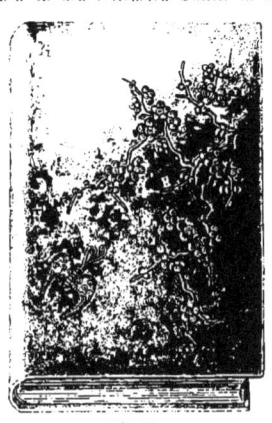

Fig. 111.

Fig. 112.

rechten, respective linken Flügelrande. Ist die Anlegearbeit beendet, so umgibt man die Flügel mit einem Faden starken Frisés und verziert sie mit Augen, welche aus einem Stückchen Silber-Glanz-Kraus-

Art der Goldstickerei ausführen lassen und fast immer eine ziemlich schwierige Combination mehrerer Stickarten erfordern.

*

Die Abbildungen Fig. 113 und 114 stellen eine Krone in Bouillon-Stickerei und Anlegearbeit dar, für das Monogramm Fig. 44 bestimmt, jedoch in etwas vergrösserter Reproduction. Die oberen Wenn der Bügel vollständig mit Goldfäden bedeckt ist, legt man oben und unten einen Reifen aus dünnem Carton auf, und überzieht denselben mit feinstem Matt-Bouillon. Die Bögen werden mit

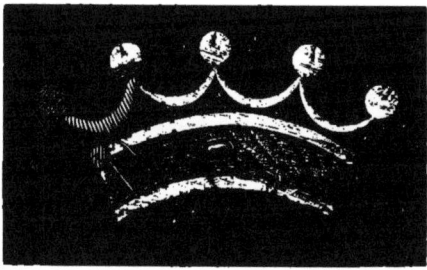

Fig. 113.

Theile derselben sind aus dünnem Carton zu schneiden, der Bügel aber ist entweder aus Filz oder aus Kork in der Weise herzustellen, dass die Höhe der unteren Rundung etwa ein Drittel Centimeter Glanz-Bouillon, die Kugeln mit Matt-Bouillon überzogen. Die Stichlage ist in der Abbildung deutlich zu erkennen. Wenn die Krone soweit gediehen ist, setzt man die Folie, welche die Edelsteine (Rubine

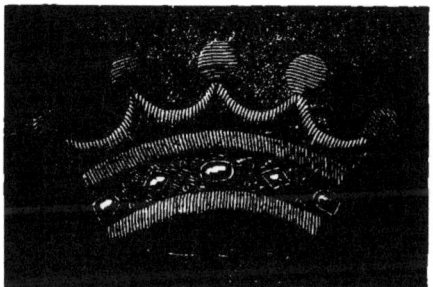

Fig. 114.

beträgt; nach oben zu muss sich derselbe jedoch allmälig abflachen, damit er sich dem oberen Theile der Krone anpasse. Wenn die Zeichnung auf den Grundstoff aufgetragen ist, arbeitet man den untersten Theil, welcher das Futter der Krone darstellt, mit purpurrother offener Seide in Flachstickerei. Hierauf klebt man den Bügel mit Kleister oberhalb dieser Stickerei genau nach der Zeichnung auf, heftet ihn seitwärts mit einigen Stichen an und überlegt ihn mit feinen Goldfäden in wagrechter, der Rundung des Bügels entsprechender Lage. Je zwei der Goldfäden werden mit Stichen aus feinster gelber Nähseide in gleichmässigen Entfernungen niedergeheftet und bei jeder Lage etwas vorgesetzt, wodurch sich ein Muster bildet, wie es Fig. 113 ersichtlich macht.

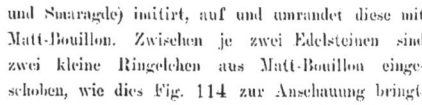

Fig. 115.

und Smaragde) imitirt, auf und umrandet diese mit Matt-Bouillon. Zwischen je zwei Edelsteinen sind zwei kleine Ringelchen aus Matt-Bouillon eingeschoben, wie dies Fig. 114 zur Anschauung bringt.

Bögen und Bügel werden zu beiden Seiten der Krone mit einigen Hinterstichen aus Matt-Bouillon verbunden. Der Rand des Futters wird mit einem Goldschnürchen eingefasst.

Eine etwas flachere, zu dem Monogramm Fig. 61 gehörende Krone bringen Fig. 115 und 116.

Der Bügel ist zwar auch hier aus Kork oder Filz herzustellen, jedoch weit niedriger als jener bei Fig. 114. Die Stickarbeit beginnt wie bei letzterem Muster mit der Herstellung des Futters. Sodann wird der Bügel in der bereits angegebenen

Weise befestigt und mit Goldfäden in horizontaler Richtung angelegt. Nun klebt man die aus enchirter Leinwand hergestellte Zackenform oberhalb des Bügels auf, umrandet sie mit Frisé und füllt sie bis zum Bügel mit geringeltem Glanz-Kraus-Bouillon. Die Kugeln der Krone werden mit Massivgold über eine dünne Cartonunterlage horizontal gestochen. Es empfiehlt sich hiebei mit dem Mittelstiche zu beginnen und von da nach oben und nach unten hin weiter zu arbeiten, da nur auf diese Weise eine schöne Rundung zu erzielen ist.

Wenn nun der obere Theil der Krone ausgeführt ist, werden die den Bügel zierenden Edelsteine mit farbiger Seide (roth und grün) im Flachstich gestickt (siehe Fig. 115) und mit feinem Matt-Bouillon umrandet. Die kleinen Perlen im Bügel werden je aus einem winzigen Ringelchen Matt-Bouillon gebildet. Zuletzt wird das Futter der Krone unten mit einem Faden Matt-Bouillon eingefasst, und der Bügel oben und unten mit einem

dieselbe auf Sammt ausführen, so muss das Muster mittelst weisser Farbe (fleur de neige) auf den Stoff gezeichnet werden.

Sämmtliche Figuren der Zeichnung, ausgenommen die kleinen Blätter, umrandet man mit Goldgürtel (einer Art gewundenen Golddrahtes), der mit Ueberfangstichen in der Art zu befestigen ist, dass diese stets in die Vertiefungen des Drahtes zu liegen kommen und dadurch unsichtbar werden. Dann beginnt man mit der Ausführung der Sternblumen, indem man jedes Blatt derselben den Rändern entlang, innerhalb des Gürtels, jedoch theilweise auf diesem aufliegend, mit Flittern mittlerer Grösse (Nr. 1) besetzt; sind die Flitter aufgesetzt, so näht man von der Mitte der Blumenblätter aus, schräg in die Lücke eines jeden Flitters ein Stückchen Matt-Bouillon, und versieht schliesslich jedes Blumenblatt mit einer Rippe aus Glanz-Kraus-Bouillon. Der, die Mitte der Blumen bildende Kreis wird in gleicher Weise hergestellt und erhält als Mittelpunkt einen

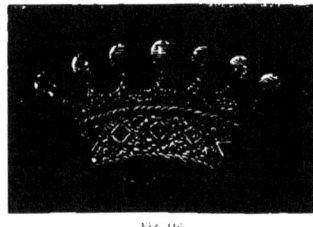

Fig. 116.

Fig. 117.

Gewinde von zwei Fäden desselben Materiales (Dreher) abgeschlossen. Die Anleitung zu letzterem findet sich bei Fig. 22.

Fig. 117 bringt eine für den mit goldenem Blattwerk verzierten Buchstaben Fig. 85 bestimmte Krone. Auch hier beginnt man mit dem Futter und legt sodann den Bügel über eine niedrige Korkunterlage mit feinsten Trama-Goldschnürchen an. Hierauf werden die Bögen mit je einem Faden Matt-Gold-Bouillon, welcher von beiden Seiten mit Matt-Brillantine zu begrenzen ist, ausgeführt, schliesslich Folien als Kugeln aufgesetzt und mit Matt-Bouillon eingefasst. Alles übrige ist wie bei Fig. 116 herzustellen.

Fig. 118 veranschaulicht eine Bordure in orientalischer Manier, welche sehr effectvoll wirkt und keine besonderen Schwierigkeiten in der Ausführung bietet. Dieselbe würde sich besonders gut zur Verzierung eines Gürtels eignen. Wird die Stickerei auf Atlas oder anderen Seidenstoff gearbeitet, so geschieht das Auftragen der Zeichnung in der bereits wiederholt erklärten Weise; will man

mit Bouillon aufgesetzten Flitter. Von den kleinen Blümchen erhalten einige ausserhalb der Flitterreihe noch eine Verzierung von Ringelchen aus feinstem Glanz-Kraus-Bouillon, die anderen sternartigen eine solche aus Bögen von Matt-Bouillon, welche je ein Stückchen Glanz-Kraus-Bouillon einschliessen. Die Stiele der Blümchen werden aus Matt-Bouillon mittelst Hinterstichen hergestellt. Die grossen Blätter zur Seite der Sternblümchen werden mit Glanz-Kraus-Bouillon gefüllt, die Stiele derselben mit einer aus zwei Bouillonfäden gedrehten Schnur (Dreher) ausgelegt. Die Verbindung der Blattstiele erhält dieselbe Verzierung aus Matt-Kraus-Bouillon. Die kleinen Blättchen zu beiden Seiten dieser Stiele werden mit Glanz-Bouillon gestickt und an der breiten Seite mit je einem Flitterchen verziert. Stichlage und Flitter sind in der Abbildung deutlich ersichtlich gemacht. Die Stiele der Blättchen sind aus Matt-Bouillon mit Hinterstichen herzustellen.

Wir bringen mit Fig. 119 eine naturgrosse Vorlage, einen Gürtel darstellend, wie man ihn zu Ball- und Soiréekleidern trägt. In Silber auf weissem

Moirée gestickt, würde derselbe auch für ein Braut-kleid passen. Die Stickerei, welche der Abbildung als Grundlage diente, ist mit Gold und Silber auf dunkelgrünem Sammt ausgeführt. Das Material besteht aus Stechgold, Goldfrisé, Brillantine, Flitter, Matt-Bouillon, Glanz-Kraus-Bouillon und Silber-Glanz-Kraus-Bouillon. Wie früher des Oefteren angegeben wurde, spannt man die als Unterlage dienende Theile aufgeklebt ist, überdeckt man sie mit einem Doppelfaden Brillantine in Anlegearbeit, und setzt dabei die Ueberfangstiche so, dass sich ein schräg laufendes Streifenmuster bildet. Dieser Theil der Blattform wird zuletzt noch mit Matt-Bouillon oder mit Goldschnürchen umrandet. Erst nach Ausführung des eben Besprochenen klebt man die obenaufliegende Form aus mittelstarkem, gelb gefärbten Carton auf

Fig. 118.

Leinwand in den Rahmen und zieht den Sammt darüber auf. Die Zeichnung wird auf den Sammt und auf feine, mit Papier unterklebte Leinwand übertragen. Die einzelnen Figuren werden aus der Leinwand geschnitten, mit Gummigutte gelb gefärbt und an die für dieselben bestimmten Stellen auf den Sammt geklebt. Fig. 120 zeigt, wie die Leinwandblättchen noch ausserdem mittelst kleiner Stiche den Stoff und überstickt sie mit glattem Gold in Stecharbeit. Zur Bedeckung der Rinne in der Mitte des Blattes, näht man an einem Ende einen Flitter auf und sticht nahebei wieder herauf, nur so viel Raum lassend, als die Hälfte eines weiteren Flitters bedeckt. Hierauf nimmt man einen zweiten Flitter und ein Stückchen Bouillon auf die Nadel, sticht in die Lücke des vorhergehenden zurück und so

Fig 119.

aufzuheften sind. Die Sternformen umrandet man mit Goldfrisé und füllt die einzelnen Theile mit winzigen Stückchen Gold-Glanz-Kraus-Bouillon, den Mittelpunkt mit Silber-Glanz-Kraus-Bouillon. Diese Zusammenstellung bringt eine besonders reizende Wirkung hervor. (Siehe Fig. 121.)

Fig. 122 und 123 geben eine vergrösserte Ansicht der blattartigen Formen des Gürtels. Wenn die gelbgefärbte Leinwand für die tieferliegenden fort, bis die Rinne gefüllt ist. Die Bouillon-Stückchen sollen dabei so aneinanderstossen, als bestände die ganze Reihe aus einem Stücke.

Die den Gürtel durchziehenden Bänder sind aus gelbgefärbter Leinwand geschnitten und werden der Länge nach mit Goldfrisé übernäht. (Siehe Fig. 124). An beiden Rändern bleibt ein Streifchen Leinwand frei; darauf näht man Flitterchen von der kleinsten Sorte (Minutenflitter) in der oben angeführten Weise. Die kleinen Pünktchen zwischen den Sternen und den Bändern bestehen aus Flittern, welche mit einem Stückchen Matt-Bouillon aufgesetzt werden. Die vollendete Stickerei bestreicht man, wie schon wiederholt erwähnt, mit Tragant, und erst

sie fügt sich, wie das vorliegende Beispiel zeigt, auch in das ihr bis nun fremd gewesene Gebiet der Goldstickerei. Bei der Ausführung in letzterer Technik liegt aber eben mit Rücksicht auf diesen Charakter der Reticella-Spitze die Hauptschwierigkeit

Fig. 120.   Fig. 121.

wenn dieser trocken ist, kann die Arbeit aus dem Rahmen genommen werden.

Die Abbildungen Fig. 125, 126 und 127 stellen ein Tablier und Plastron in Goldstickerei, nach Motiven von Reticella-Spitzen dar. (Bei der

darin, die geometrischen Figuren ganz correct in den Linien zu halten, da jede kleine Unregelmässigkeit der Formen störend wirkt. Man muss daher beim Aufnähen der zarten Goldfäden darauf Bedacht nehmen, dass man möglichst kleine Stiche mache

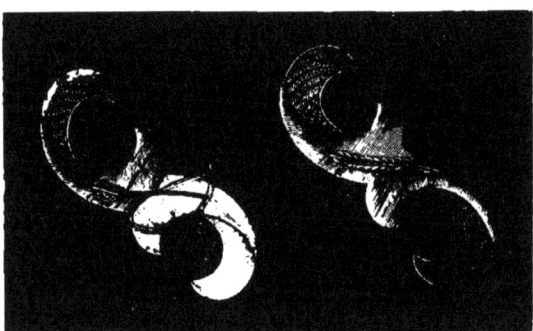

Fig. 122.   Fig. 123.

Preis-Concurrenz-Ausstellung der „Wiener Mode" im Jahre 1889 mit dem ersten Preise ausgezeichnet und von der Direction des k. k. österr. Museum für Kunst und Industrie für die Sammlungen dieses Institutes angekauft.) Die Zeichnung, meist aus

und sie ziemlich eng aneinander halte. Man bedient sich hiezu feiner, goldgelber Nähseide (Haarseide) mitunter auch Tramaseide, die sehr gut gewachst werden muss. Als Stickmaterial ist echtes Gold verwendet, und zwar feiner, glatter Goldfaden, feines

Fig. 124.

Sternen bestehend, bietet viele zarte und schöne Motive auch für kleinere Gegenstände.

Die Reticella-Spitze bleibt immer edel in ihrer Linienführung, in ihren streng den geometrischen Gesetzen folgenden Formen und Verbindungen, und

Goldschnürchen, ferner Glanz- und Matt-Brillantine, Frisé, Lahn, massiv Gold, sowie Matt- und Glanz-Bouillon, schliesslich noch Silber-Glanz-Kraus-Bouillon und verschiedene Grössen weisser Wachsperlen.

Unsere Vorlage Fig. 125 misst 105 Centimeter in der Länge, die untere Weite beträgt 40 Centimeter; dieselbe schrägt sich bis zum Rockschluss auf 19 Centimeter ab. Sie muss auf gespanntem Stoff ausgeführt werden, und zwar wird der Crème-Atlas mit leichtem Percailfutter unterlegt. Hierauf wird die Zeichnung möglichst correct in den Formen mittelst eines harten Bleistiftes übertragen. — Die Ausführung der verschiedenen einzelnen Theile des Ornamentes zeigen die Abbildungen auf Tafel I vergrössert und mit einer Deutlichkeit, die jeder weiteren Erklärung überhebt und sogar das für jedes Detail verwendete Material erkennen lässt. Bouillon-Stickerei und Goldfaden-Anlegearbeit bilden die Haupttechniken. Die Perlen werden mit feiner Seide aufgenäht und dann mit einem Ring aus Matt-Gold-Bouillon umgeben. Die kleinen Blümchen (stilisirte Lilien), die sich als Plein über die ganze Fläche des Tablier streuen, gibt Tafel I „f" wieder.

Fig. 126 und 127 zeigen Vorder- und Rückentheil des zum Tablier gehörenden Plastrons.

Mit Fig. 128 bringen wir eine Echabraque mit Goldstickerei aus dem XVIII. Jahrhundert. Die Motive der Zeichnung lassen sich gut zur Decorirung einer Decke verwenden, zu welcher als Grundstoff Peluche zu wählen wäre. Das Ornament ist in Sprengtechnik über Cartonunterlagen mit glatten Goldfäden und Frisé gearbeitet und mit verschiedenen Füllmustern geziert. Die Vertheilung der letzteren, welche in Fig. 129, 130, 131, 132 und 133 vergrössert dargestellt erscheinen, dürfen wir

Fig. 125.

nun doch schon den Leserinnen überlassen. Die in das Muster eingestreuten Rosetten bestehen aus Gold-Folien und sind mit kleinen Zäckchen aus glattem Gold-Bouillon zu umranden. Die Rippen der Blätter hat man mittelst einer mit Bouillon zu befestigenden Flitterkette auszufüllen.

Wir schliessen die Reihe der combinirten Arbeiten (soweit sie ohne Beihilfe von Application auszuführen sind) mit einer Anzahl grösserer kirchlichen Gewandstücke.

Zunächst bringt Tafel II eine Stola im Barockstyle. Als Grundstoff ist rother Sammt verwendet. Die Rosen und Blätter sammt Stielen werden in dünnem Carton ausgeschnitten und die Kanten abgerundet. Wenn alle Formen auf den Grundstoff befestigt sind, werden die Rosen mit feinem glatten Goldfaden in Sprengarbeit ausgeführt. Der Mittelpunkt (Stempel) ist über eine abgerundete Form mit Matt-Bouillon zu sticken, und mit einer starken Goldschnur zu umgeben, die denselben im Kreise umschliessenden kleinen Punkte (Staubgefässe) werden in gleicher Weise, jedoch mit feinstem Glanz-Bouillon hergestellt. Die grossen Blätter sind mit Glanz-Brillantine und Schnürchen, die kleinen mit feinem Frisé und die Stiele mit Gold-Tramaschnürchen zu sprengen.

Die beiden Kreuze sind mit glattem Goldfaden in Sprengarbeit ausgeführt und dort, wo die Stichlagen bei den Einschnitten im Carton zusammentreffen, mit dunkelbroncefarbener Seide in Flachstickerei einschattirt. Die Knöpfe an den Enden der Kreuzesarme werden in gleicher Weise wie die Stempel der Rosen ausgeführt. Die Strahlen sind mit Glanz-Brillantine in Anlegearbeit direct auf

7

dem Grundstoff hergestellt. — Die Palmenblätter sind ebenfalls in Anlegearbeit mit feinsten Gold-Trama-Schnürchen auszuführen, die Adern in denselben mit grüner Seide in Stielstichen einzusticken. — Zum Schlusse wird die Arbeit mit einer Goldborte umrandet. In ganz der gleichen Weise wird die zu der Stola passende Infula (Tafel III) ausgeführt, nur erscheint hier das Kreuz mit Perlen besetzt und als Abschluss eine in Anlegearbeit aus Goldschnüren hergestellte und mit umrandeten Perlen verzierte Bordure verwendet. Die Taube ist über eine schön modellirte Cartonunterlage in Sprengarbeit ausgeführt, und zwar der Kopf und der Körper mit glattem Silberfaden, der obere Theil der Flügel mit Silber-Frisé, der Stoss endlich mit feinsten Silberschnürchen. Sämmtliche Formen werden mit grauer Seide im Stielstich umrandet. Schliesslich sind die unteren Flügelfedern mit glattem Silberfaden in Stecharbeit herzustellen (für jede Feder ist eine eigene Unterlage aus dünnem Carton verwendet) — wobei eine sehr schräge Stichlage einzuhalten ist.

Die Trauer-Infula in romanischem Styl (Taf. IV), entworfen von Gustav Bamberger, Eigenthum Sr. Excell. des Herrn Bischofs von Fünfkirchen, ist neben dem auf Seite 49 gebrachten Tablier wohl eine der edelsten Arbeiten, welche die Neuzeit auf dem Gebiete der Goldstickerei aufzuweisen vermag.

Der Grundstoff besteht aus schwerem schwarzen Grosgrain, auf welchen nach sehr strammer Spannung die Zeichnung direct mit weisser Farbe aufgetragen wurde.

Die Stickarbeit beginnt mit der Herstellung des Pleinmusters in Anlegearbeit mit zwei Fäden mittelstarken Gold-Brillantines, genau den Linien der Zeichnung folgend, wodurch sich das Muster von selbst bildet. Die Perlen im Pleinmuster, sowie überhaupt an der ganzen Infula sind aus Matt-Silber-Folie mit einer Umrandung von Matt-

Fig. 126.

Fig. 127.

Gold-Bouillon hergestellt, die bei den grösseren Perlen aus Picots besteht. Der gerade Stab, welcher das Pleinmuster umgibt, wird in der Weise ausgeführt, dass man Matt-Gold-Bouillon in schräger Stichlage über eine dünne Schnur, welche vorher auf den Stoff geheftet wurde, legt. In der gleichen Weise sind alle übrigen geraden Ränder an der Infula und an deren Bändern hergestellt. Das Kreuz an der Spitze und der dasselbe umgebende Heiligenschein sind mit glattem Golde, die reich ornamentirten Enden und der Rand der Kreuzbalken mit Frisé in Anlegearbeit ausgeführt. Der Mittelstreifen selbst und die untere Bordure, sowie das Bandornament, welches dieselben und die Bänder begrenzt, sind mit glattem Goldfaden, Matt-Brillantine und feinstem Goldfrisé angelegt, und nur die, die Kreuze einfassenden Kreise aus Matt-Bouillon über Schnüre gelegt. Das Pleinmuster im Bande besteht theils aus Silberfolien, theils aus Rosetten, deren vier Theile mit Matt-Kraus-Bonillon gefüllt werden und in der Mitte eine kleine Silberfolie erhalten. Sämmtliche Folien sind mit Matt-Gold-Bouillon umgeben. Der äusserste Rand der Infula weist gekreuzte Stäbchen aus Matt-Bouillon auf, die je ein Stückchen Glanz-Kraus-Bouillon einschliessen.

Tafel V veranschaulicht endlich den Rückentheil einer Trauer-Casula aus schwerem Brocatstoff mit Einsatzstreifen von schwarzem Seidensammt und Silberstickerei.

Um diese reiche und prächtige Casula herzustellen, spannt man in der Grösse des Rückentheiles entsprechendes Stück Leinwand, bei welchem ringsum sechs Centimeter zugegeben werden, in einen Rahmen. Hierauf wird der in der Mitte befindliche Streifen schwarzen Sammtes aufgeheftet und dann die Leinwand auf beiden Seiten bis nahe zum Streifen eingerollt und festgespannt. Die übrigen Vorarbeiten geschehen in der bekannten Weise.

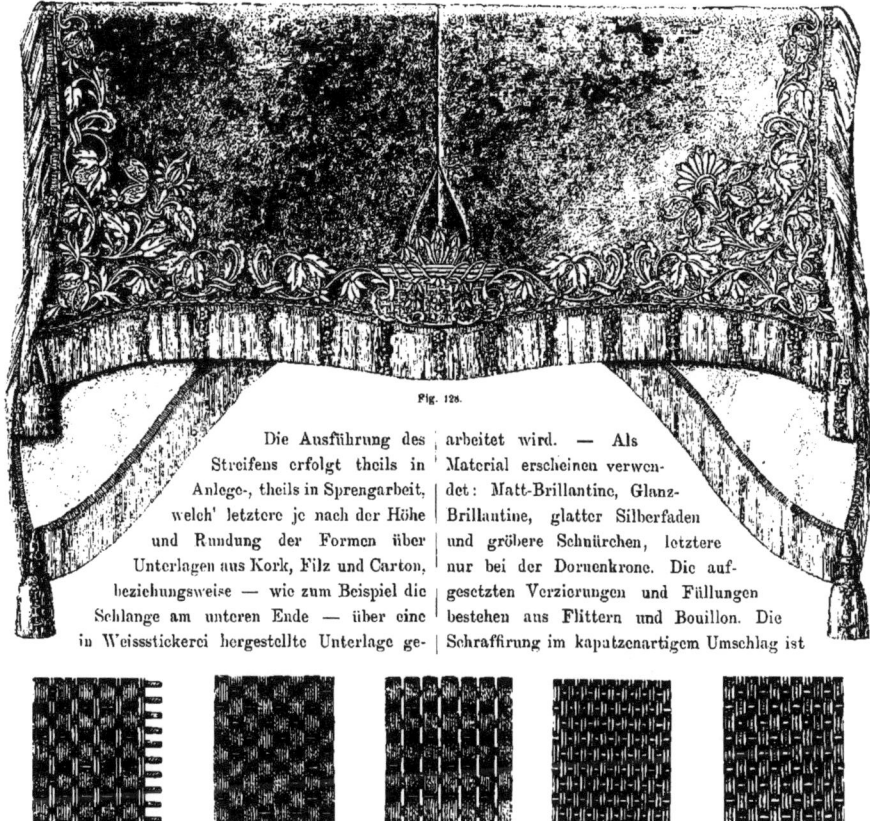

Fig. 128.

Die Ausführung des Streifens erfolgt theils in Anlege-, theils in Sprengarbeit, welch' letztere je nach der Höhe und Rundung der Formen über Unterlagen aus Kork, Filz und Carton, beziehungsweise — wie zum Beispiel die Schlange am unteren Ende — über eine in Weissstickerei hergestellte Unterlage gearbeitet wird. — Als Material erscheinen verwendet: Matt-Brillantine, Glanz-Brillantine, glatter Silberfaden und gröbere Schnürchen, letztere nur bei der Dornenkrone. Die aufgesetzten Verzierungen und Füllungen bestehen aus Flittern und Bouillon. Die Schraffirung im kapatzenartigem Umschlag ist

Fig. 129.   Fig. 130.   Fig. 131.   Fig. 132.   Fig. 133.

aus feinen Silberschnürchen, welche in kleinen Zwischenräumen angelegt werden, hergestellt. Erst wenn der Mittelstreifen vollendet ist, rollt man die auf dem Rahmen befindliche Leinwand heraus, und heftet zu beiden Seiten des Streifens den eigentlichen Gewandstoff der Casula — im vorliegenden Falle ein schwerer, silberdurchwirkter Brocatstoff — auf. Die Umrandung bilden entsprechende Silberborten.

VI. Theil:

Combinirte Arbeiten in Verbindung mit Application.

Den Schluss des Lehrcursus mögen nun der Vollständigkeit halber einige combinirte Arbeiten in Verbindung mit Application bilden. Selbstverständlich können wir uns hier nur auf wenige typische Muster beschränken, da die Combinationen, welche diese Techniken zulassen, so mannigfaltige sind, dass ein weiteres Eindringen in dieselben über den Rahmen

Das Geflecht des Korbes bilden schräg gekreuzte Goldschnüre, welche durch den Stoff gestochen werden; die Kreuzungsstellen werden mit je einem Stückchen Matt-Bouillon übernäht und zugleich damit befestigt. Wenn dies geschehen ist, unterklebt man sämmtliche kleinen Blätter, sowie die Ausläufer der die Seitenränder des Korbes bildenden Voluten mit cachirter.

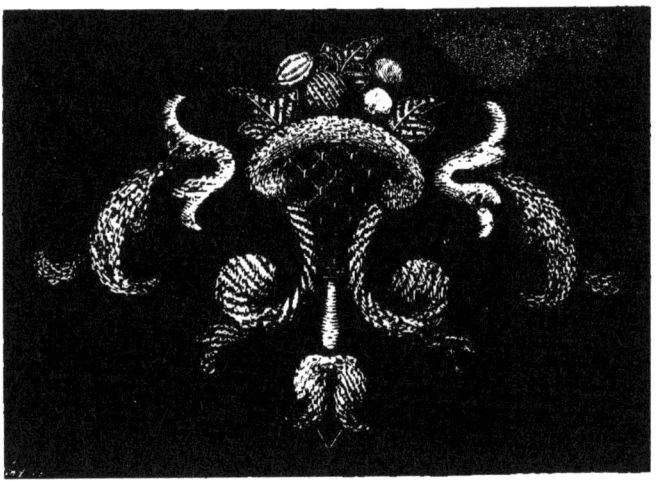

Fig. 134.

dieses in erster Linie der Goldstickerei gewidmeten Lehrbuches hinausgreifen müsste.

Bei Fig. 134, einen Blumenkorb mit Früchten im Rococostyle darstellend, beschränkt sich die Application auf den Mitteltheil der Stickerei. Die Art und Weise, wie der hier anzubringende und das Futter des Korbes markirende rothe Sammt auf den Grundstoff zu appliciren ist, erscheint bei Fig. 22 genauestens beschrieben.

gelbgefärbter Leinwand und belegt sie mit Doppelfäden aus Gold-Brillantine. Die oben im Korbe liegenden Blätter erhalten ausserdem eine Umrandung aus Goldfrisé und eine Rippe aus Matt-Bouillon. Die Früchte werden über Carton-Unterlagen, welche am Rande abgerundet sind, mit verschiedenem Materiale gesprengt gearbeitet; bei unserer Vorlage sind zu diesem Zwecke Matt- und Glanz-Brillantine, dann glatter Goldfaden und Tressenschnürchen verwendet.

Die mit dem letzteren Materiale gearbeitete Frucht wird überdies kreuzweise mit feinen Goldfäden überlegt. Die freien Stellen zwischen den Blättern und Früchten sind mit geringeltem Matt-Kraus-Bouillon auszufüllen. Der obere Rand des Korbes, sowie die unterste blattartige Verzierung werden aus Kork geschnitten und an den Seiten abgerundet; ersterer, etwas stark gehalten, wird mit Doppelfäden aus Goldfrisé, letztere mit feinen Goldschnürchen in der bekannten Weise gelegt. Die Verzierung schliessen zwei schräg zusammenlaufende Bouillonstangen ab. Der Stiel, in welchen dieselbe nach oben zuläuft, sowie die beiden blumenartigen Figuren, welche sich an der Seite des Korbes befinden, sind aus Carton geschnitten und mit Brillantine in Spreng-

Als Grundstoff dient ein breites Stück fraisefarbiger Satin, zur Application ist bordeauxrother Seidenpeluche, zur Umrandung gleichfarbige starke Seidenschnur und Goldschnur verwendet. Ferner dienen als Material noch mittelstarke dreifach gedrehte Goldschnürchen und starker Gold-Matt-Bouillon. Zunächst wird der Peluche cachirt und werden die zu applicirenden Formen auf die Rückseite (Papierseite) desselben aufgepaust; hiebei ist zu beachten, dass der Strich des Peluche über die ganze Platte nach einer Richtung laufe. Dann werden die Formen mit Bleistift ausgezogen, mit einer scharfen Scheere ausgeschnitten und schliesslich genau auf die entsprechende Stelle des Grundstoffes geklebt und an den Rändern festgeheftet. Sämmtliche applicirten Formen umrandet

Fig. 135.

arbeit ausgeführt. Die hinter diesen Blumen hervortretenden Blätter aber, sowie die Seitenränder des Korbes sind nach Art der Weissstickerei unterlegt, mit gelber Baumwolle überstickt und mit glatten Doppel-Goldfäden gelegt. Die, den Boden des Korbes bildende schmale Verbindung stellt man aus einem Stückchen starken Glanz-Kraus-Bouillon her, an welches oben und unten je ein Stückchen feinen Matt-Bouillons anzufügen ist.

In Tafel VI, einer reich decorirten Tischplatte, erscheint wieder die Application als die in den Vordergrund tretende Technik, und es fällt hier der Goldstickerei nur die secundäre Rolle zu, die Application durch ihre Glanzwirkung effectvoller zu gestalten.

man mit der Seidenschnur und setzt knapp an diese nach aussen hin eine Goldschnur an. Nach Fertigstellung der Application werden die kleinen Blätter in Anlegearbeit ausgeführt, und zwar sind die doppelten Goldschnürchen mit Ueberfangstichen aus mittelgrüner Seide zu befestigen. Die Adern der Blätter bestehen aus Stielstichen von grüner Seide, die Stiele und Ranken aus starker Goldschnur. Das Gittermuster, welches einige Formen ausfüllt, wird aus mittelstarker Goldschnur hergestellt; die Kreuzungsstellen sind mit kleinen Stückchen Bouillon zu benähen und in jedes Viereck zwei kleine Bouillonstückchen zu setzen. Fig. 135 zeigt ein naturgrosses Stück dieser Arbeit. Selbstverständlich ist auch hier die Stickerei vor ihrer eigentlichen Verwendung auf der Rückseite zu tragantiren.

Bei Fig. 136 endlich ist die ganze Stickerei auf ein in entsprechender Form ausgeschnittenes, applicirtes Stück rothen Faille's gearbeitet. Die Zeichnung wird hier auf den applicirten Stoff, wie sonst auf den Grundstoff aufgetragen und mit weisser Farbe ausgezogen. Die Ziffern sind mit feinstem Matt-Gold-Bouillon mittelst Hinterstiches auszuführen, und dann mit einer oval gelegten, starken Goldschnur zu umranden. Die zweite Umrandung ist mit einem Faden starken

merksamkeit gefolgt ist und insbesondere das weitere Vordringen in denselben davon abhängig machte, dass er alles Vorhergehende nicht nur vollständig erfasst, sondern auch in der manuellen Ausführung sich zu eigen gemacht hat, nun im Stande sein wird, an die Ausführung jeder sich ihm bietenden und für die Goldstickerei überhaupt geeigneten Arbeit zu schreiten. Allerdings dürfte eines nur durch jahrelange Uebung und Anschauung erlernt werden

Fig. 136.

Matt-Brillantines, der auf beiden Seiten mit je einem Faden feinen Glanz-Brillantines eingefasst ist, ausgeführt; der äusserste Rand des Schildes besteht dagegen aus doppelt gelegten feinen Gold-Tramaschnürchen, welchen an den sich verbreiternden Stellen noch eine oder mehrere Reihen angefügt sind. Alle übrigen Verzierungen sind aus Folie und Matt-Bouillon hergestellt.

Wir hegen die Hoffnung, dass jedermann, der dem Lehrcursus bis zu seinem Schlusse mit Auf-

können, wenn auch unser Lehrbuch gerade in dieser Hinsicht sich bemühte, den rechten Weg zu weisen — es ist dies die richtige Anwendung der einzelnen Techniken am richtigen Orte und deren geschmackvolle und stylgerechte Zusammenstellung. Hievon hängt aber in erster Linie das Gelingen jeder grösseren Arbeit ab, und es empfiehlt sich daher auch für bereits routinirte Stickerinnen, in jener Richtung stets den Rath Sachverständiger im Stickereifache einzuholen.

INHALT.

—

Tafel I.

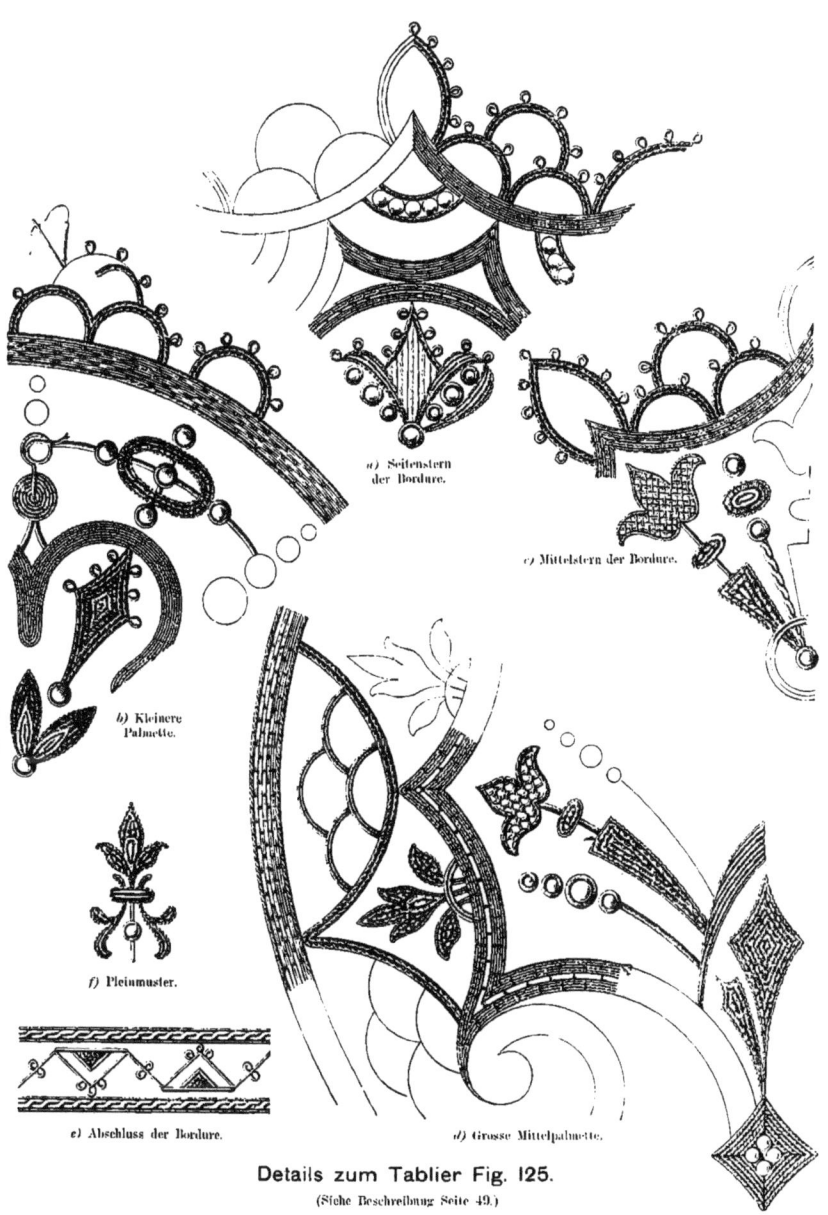

a) Seitenstern
der Bordure.

c) Mittelstern der Bordure.

b) Kleinere
Palmette.

f) Pleinmuster.

e) Abschluss der Bordure.

d) Grosse Mittelpalmette.

Details zum Tablier Fig. 125.

(Siehe Beschreibung Seite 49.)

Stola.
(Beschreibung Seite 49.)

Infula.
(Beschreibung Seite 50.)

Trauer-Infula.

(Beschreibung Seite 50.)

Tafel V.

Trauer-Casula.

(Beschreibung Seite 59.)

Decoration für eine Tischplatte.
(Beschreibung Seite 58.)